"Este es un libro fundamental que expone el drama del embarazo no deseado y la libertad de la mujer de ponerle término. El patriarcado controla a las mujeres mediante la religión, la cultura y a menudo las leyes, negándoles el derecho a decidir sobre sus cuerpos y sus vidas. La consideración por un feto, que no puede vivir fuera del vientre materno, suele prevalecer sobre los derechos humanos de una mujer. En la violenta controversia sobre el aborto no hay términos medios. En estas páginas apasionantes el Dr. Willie Parker, médico cristiano, explica todos los aspectos del problema, y cuenta su larga experiencia, especialmente en las zonas más pobres de Estados Unidos, y el dilema moral que lo llevó a desafiar a su iglesia y arriesgar su vida a diario para proveer aborto a sus pacientes."

—Isabel Allende, escritora.

"Una biografía imperativa... Parker se rehúsa a ceder el campo moral, llevando un caso apasionado y —arraigado a la ciencia, historia y teología— para la santidad de la autonomía de una mujer sobre su cuerpo."

—O, la Revista Oprah

"Encontré en sus líneas, escritas de la manera más simple, temas muy complejos que, entre otros aspectos, muestran la conexión que hay entre el acceso al aborto legal y seguro y el bienestar desde una amplia perspectiva de salud."

—Susana Chávez, PROMSEX y CLACAI

"Desearía que todos en Estados Unidos leyeran este libro."

—Gloria Steinem, feminista y periodista

"La Obra de mi vida *es una biografía vivida y sociable de una vida excepcional*"

—*The New Yorker*

"*Una autobiografía irresistible... una lectura obligada para legisladores, activistas de derechos reproductivos, y cualquiera que ha tenido problemas articulando su apoyo hacia el derecho de elegir de una mujer.*"

—Revista Ms.

"La Obra de mi vida *ha estado en todas partes: en The Daily Show, en la revista* Time *y con Gloria Steinem. Pero creo que el lugar más importante en el que han estado sus palabras es en una habitación conmigo, cuidando a un paciente, a las 3 a.m. Lo que los pacientes quieren es un lenguaje moral, un lenguaje que les ayude a lidiar con las preguntas éticas y significativas que presentan sus decisiones médicas. La medicina occidental no tiene lenguaje moral. Pero el Dr. Willie Parker lo hace y está capacitado para hacerlo. Fue una revelación.*"

— Chavi Eve Karkowski, *Slate*

"*La historia de Parker explica de la manera más convincente cómo, inspirado por el relato de la historia del* Buen Samaritano *del Dr. Martin Luther King Jr., se ha sentido incapaz de alejarse de las mujeres que necesitan ayuda. El Dr. Parker es un héroe de nuestro movimiento y un verdadero defensor cristiano de la elección de las mujeres. Desafío a todos los que creen que los médicos que practican el aborto deben ser "malos" e inmorales, o tener interés propio y lucrarse, o ser privilegiados y explotadores para leer este libro. El Dr. Parker habla desde su corazón y sus palabras no pueden dejar de tocar el corazón de cada lector.*"

—Ann Furedi, autora de *The Moral Case for Abortion* y CEO de British Pregnancy Advisory Service

La Obra de mi vida

UN ARGUMENTO MORAL
A FAVOR DEL DERECHO A ELEGIR

Dr. Willie Parker

casasola
www.casasolaeditores.com

La Obra de mi vida ©
Life´s Work ©
Primera edición en español de Casasola Editores, 2019
Primera edición en inglés de Simon & Schuster, Inc., 2017
Derechos Reservados © 2017 del Dr. Willie Parker
Traducción al español de Raúl M. Valdivia, Casasola Editores ©
Revisión y edición del texto en español de Óscar Estrada
Foto de Contraportada *Time*
Diseño de portada de Mario Ramos, Casasola Editores.
ISBN 13: 978-1-942369-30-1
ISBN 10: 1-942369-30-1

Ciertos nombres y características de este libro han sido cambiados, ya sea que se mencione o no en el texto.

Para información sobre descuentos especiales para compras al por mayor, por favor contacte al correo electrónico info@casasolaeditores.com

La Oficina de Conferencistas de Simon & Schuster puede llevar autores a su evento en vivo. Para más información o para agendar un evento, contacte la Oficina de Conferencistas de Simon & Schuster al 1-866-248-3049 o visite nuestro sitio web en www.simonspeakers.com.

Diagramación y cuidado editorial de Casasola Editores.

Casasola LLC,
1619 1st Street NW Apt. C
Washington DC 20001

Simon & Schuster, Inc.
1230 Avenue of the Americas
Nueva York, NY 10020

casasolaeditores.com
info@casasolaeditores.com

Fabricado en los Estados Unidos de América

Se ha aplicado a Datos de Publicación Catalogada por la Librería del Congreso.

PALABRAS DE PRESENTACIÓN PARA
LA OBRA DE MI VIDA

LA MAREA "VERDE" ES UNA MAREA DE VIDA

Coincidimos en un viaje con el Dr. Willie Parker y nos relató que iban a traducir su libro al español, nos trajo tanta alegría escuchar esa noticia que no sabemos si logramos transmitirle la gran significancia que su trabajo tendría en nuestras comunidades de América Latina, el Caribe y el mundo de habla hispana donde los discursos hegemónicos eclesiásticos se entrecruzan indebidamente con los discursos científicos para bajar la voz de quienes buscamos un dialogo abierto, franco, plural y sin estigma sobre estos temas.

En Catholics for Choice y Católicas por el Derecho a Decidir Argentina llevamos más de cuatro décadas trabajando para visibilizar que una espiritualidad respetuosa de la autonomía sexual es posible, que la libertad de conciencia es el eje de nuestra profesión de fé y que nuestro Dios no es castigador. También hemos disentido públicamente con las jerarquías eclesiásticas en todos aquellos posicionamientos que consolidan el lugar de subordinación que las mujeres tenemos en la organización patriarcal de las sociedades y con todo mensaje que, apelando a la idea falsa de una Iglesia monolítica, promueve una moral sexual restrictiva que dificulta la convivencia de nuestras creencias y nuestra vida sexual. Valoramos por ello el mensaje del Dr. Parker que se atreve a hablar del aborto, de la vida, de la muerte, de la salud, de la autonomía sexual, de la libertad de las mujeres, de la desigualdad social, de los privilegios de clase y del rol de quienes ejercen la medicina con honestidad y ética.

No obstante su gran diversidad cultural, nuestra América —de norte a sur— se ha destacado históricamente por una fuerte tradición cristiana en sus sociedades que se proyecta —lamentablemente— hacia las leyes. Sin embargo, las vidas de las comunidades cambian a un compás mucho más ágil que el de las normas y las radicalizaciones religiosas suelen resultar expulsivas para muchas personas de fé. Nuevos debates que no pueden ser resueltos con viejas posiciones son el desafío diario de la vida de los Estados. Las familias encuentran nuevos bordes afectivos para el amor, las personas acomodan su identidad a moldes no binarios y nuestras mujeres —de todas las latitudes— han despertado de ese sueño medieval de "maternidad sacralizada" del que habla el Dr. Parker.

Desafortunadamente, los conservadurismos religiosos traducen —en alianza con la elite política de muchos de nuestros países— una lectura impracticable del dogma y terminan por componer mensajes de exclusión, carentes de misericordia hacia a quien no piensa igual y cercanos al pecado de la soberbia de quien desconoce que es Dios nuestro único juez.

El uso de las leyes para promover la desigualdad de las mujeres es una de las herramientas democráticas más peligrosas que despliegan los fundamentalismos religiosos. Leyes que criminalizan el derecho a decidir de la mujer. Leyes que condenan a las mujeres con menos recursos a abortos clandestinos e inseguros. Leyes que castigan las identidades sexuales disidentes. Leyes que habilitan la cárcel por crímenes inventados por hombres con poder. Leyes masculinas para las vidas de las mujeres, lesbianas y trans. Lecturas fanáticas de los dogmas religiosos, apoyadas por el lobby conservador, obtienen luego categoría de ley dentro del Estado y así se legitiman solapadamente las desigualdades sociales como valores en nuestros Estados.

Desde Catholics for Choice y Católicas por el Derecho a Decidir Argentina procuramos hacer un trabajo exhaustivo para desmantelar ese pacto patriarcal entre las jerarquías eclesiásticas, el activismo conservador y los gobiernos neoliberales para dominar a las mujeres. Buscamos permanentemente revalorizar la importancia de la libertad de conciencia y la autonomía moral de cada persona. Promovemos una visión más humana de nuestra religión que asuma la espiritualidad como un espacio de libertad y respete el derecho de cada mujer a decidir en diálogo con Dios y consigo misma.

La movilización social por la despenalización del aborto en Chile, Uruguay, Colombia y varios otros países muestra una región que está cambiando y estructuras caducas que se resquebrajan. Inspiradas por la movilización histórica que vimos en Argentina, estamos firmemente optimistas que los cambios son inevitables y seguiremos abriendo caminos para los derechos de la mujer en la región. Pero sabemos que para tener progreso tenemos que dialogar con gran parte de nuestra comunidad de fe para posibilitar la franqueza de asumir que las mujeres católicas también abortamos sin que nuestra religiosidad se debilite.

La marea "verde" que lucha por la legalización del aborto en todos los países es una marea de vida. La marea feminista que se extiende hoy más que nunca por toda América es una marea de mujeres de todas las edades que ha decidido hace tiempo ser protagonista de sus decisiones porque se sabe la mejor gobernanta de su conciencia. Es una marea de libertad que lucha codo a codo para romper las cadenas patriarcales sin importar si las forja un líder religioso, un gobierno o una sociedad científica. Es una marea de vida digna de ser vivida.

El mensaje del Dr. Parker nos fortalece para hacer frente a uno de los enclaves más resistentes a nuestra autonomía sexual y al reconocimiento de que es cada mujer quien está en mejores condiciones éticas de decidir los rumbos reproductivos de su vida. El discurso biomédico tiene gran potencia para enmascarar el dogma religioso y convertirlo en una verdad revelada. Pero este libro nos muestra otra la otra cara del discurso científico y re-direcciona el accionar médico hacia un camino afín con los valores cristianos: amor, empatía, libertad de conciencia y respeto.

Hacemos nuestra sus palabras "el aborrecimiento hacia el aborto expresado por los hombres que se sitúan en las barricadas frente a las clínicas de abortos es de hecho el horror desubicado hacia la autonomía sexual de las mujeres. Es lógico: la independencia sexual de las mujeres es aquello que los hombres siempre han querido controlar. Pero para las mujeres en la sala de espera de la clínica de abortos, el sexo en sí es historia y totalmente fuera de lugar. Ellas están acá en busca de sus vidas". Su testimonio en favor del derecho a decidir, su valentía en transparentar sus valores y su honestidad al compartir sus dilemas son muestra de que las "barricadas de los hombres" a nuestra derecho a decidir no son barricadas de vida, son barricadas de muerte, cárcel y dolor para las mujeres.

Le agradecemos al Dr. Parker por invitarnos a pensar que la fé no sabe de prejuicios morales, sino de comprensión, misericordia y respeto. Este valioso libro necesita oídos y corazones abiertos para recordar siempre, como lo hace Ivone Gebara, que "Nuestro cuerpo es obra nuestra y de otros. Es fuente de elecciones y presiones sociales. Es belleza y fealdad. Es miedo y libertad. Por eso en la historia de nuestro cuerpo se escribe la historia del mundo y de nuestras búsquedas de libertad".

Jon O'Brien, Presidente de Catholics for Choice.

Cynthia Romero, Directora de Comunicaciones de Catholics for Choice.

Marta Alanis, Fundadora e Integrante de Católicas por el Derecho a Decidir, Argentina.

Soledad Deza, Abogada e Integrante de Católicas por el Derecho a Decidir, Argentina.

VIVIMOS TIEMPOS DIFÍCILES, PERO NO PERDEMOS LA ESPERANZA

Cuando Ellen Israel me pidió leer el manuscrito de este libro y me invitó a escribir su prólogo, indicándome que se trataba de la historia de vida de un médico cristiano practicante que lucha por defender el derecho de las mujeres a tener acceso a un aborto seguro, pensé que no era la persona indicada para dicha tarea por dos razones. En primer lugar, debido a mi innata convicción agnóstica, pues aunque respeto profundamente las creencias religiosas, estas no han tenido en mi vida privada un rol preponderante. Y en segundo lugar, me resultaba forzado escribir sobre la historia de vida de un médico del primer mundo, donde el aborto, incluso con sus vicisitudes políticas y las barreras de acceso que siempre afectan a los más pobres, está permitido.

Yo provengo de una región donde predomina la criminalización y la clandestinidad del aborto y que recién en los últimos 15 años ha logrado hacer extensivo protocolos de atención bajo el concepto del derecho a la salud. Una región con países como El Salvador, donde las mujeres que abortan pueden ser enviadas a la cárcel hasta por 35 años, acusadas de infanticidas o de ser "negligentes" con sus embarazos. Con países como Perú, Paraguay o Guatemala, que obligan a parir a niñas menores de 14 años, lo que pone en riesgo su salud y su vida, y cuyos embarazos son, en gran parte, productos de violaciones. ¿Qué podría aportar desde una región donde apenas logramos hacer entender que prohibir el aborto no tiene ningún sentido y lo único que se logra es denigrar a las mujeres y obligarlas a sacrificios extremos?

Mientras ensayaba cómo decir no, tratando de expresar mi agradecimiento por la confianza depositada en mí y, a la vez, de que mi negativa no sea vista como un acto de arrogancia o displicencia, empecé a leer el texto. Grande fue mi sorpresa al encontrar en cada una de sus líneas un relato humano, profundo y honesto de un hombre comprometido, que ha puesto su carrera al servicio de las mujeres, para que sean ellas mismas quienes decidan su propio destino, muy lejos de cualquier postura egocéntrica o de un análisis académico, sesudo y principista que prejuiciosamente pensé encontrar.

Me veo precisada a advertir que cuando describo a *La Obra de mi vida* como "un relato humano", no lo estoy calificando como una publicación ligera o de anécdotas vivenciales. Muy por el contrario: encontré en sus líneas, escritas de la manera más simple, temas muy complejos que, entre otros aspectos, muestran la conexión que hay entre el acceso al aborto legal y seguro y el bienestar desde una amplia perspectiva de salud. Esta vinculación resulta muy difícil de entender para muchos operadores de salud, quienes apenas logran introducir en sus valoraciones de riesgos algunos elementos de la salud mental. Tampoco han quedado fuera de su análisis los impactos económicos y sociales que puede tener el embarazo no deseado, tanto para una mujer pobre (que ya tiene más hijos de lo que le hubiese gustado tener), como para una esforzada joven universitaria (a punto de graduarse), o para una pequeña niña (ultrajada por algún familiar cercano).

Los hombres tampoco están ausentes de su relato pues, aunque periféricos en su análisis, es posible identificar al compañero solidario, al indiferente, al violento e incluso al casual, cuya participación apenas importa, dando cuenta de las múltiples circunstancias en que hombres y mujeres se relacionan y tienen como resultado un embarazo no deseado.

También es preciso señalar que, aunque la narrativa del doctor Parker acerca de las mujeres que acuden a su servicio es muy intensa, está muy lejos de mostrar en su ejercicio, justificaciones que se pretendan como válidas o no del aborto, muy por el contrario, el recoge de una manera muy afirmativa que son las mujeres quienes deben determinar si quieren o no continuar un embarazo y sus razones sea cual sea, son válidas y atendibles, incluyendo los silencios que ellas puedan tener. En su texto no hay un ápice de censura, aunque ello implique volverlas a ver en el consultorio para un segundo o tercer aborto, o se trate de un embarazo después del primer trimestre.

En realidad, mas que explayarse en explicaciones del porque las mujeres recurren al aborto, lo que hace el Dr. Parker, es dar cuenta de la enraizada discriminación que sufren las mujeres por el único hecho de haber nacido como tales y cómo esta condición de desventaja social se intersecciona con otras variables como ser pobre, afrodescendiente, de bajo nivel educativo, soltera, menor de edad, etc. Es decir, aquellas causas estructurales que van poniendo trabas a su derecho a estar informada, a disponer del avance científico, y a tomar sus propias decisiones, de manera libre y sin condiciones.

Cabe destacar la empatía que muestra el Dr. Parker con sus pacientes pues, como él mismo señala, estas mujeres podrían ser sus hermanas, sus tías o su madre. Y es que en todas las historias de vida que el Dr. Parker comparte en este libro, está también reflejada su propia vida. Proveniente de una familia afrodescendiente muy pobre, nunca pensó que podría ser médico. Sin embargo, fue el primero de su pequeña comunidad en ir a la universidad y alcanzó un gran estatus social. Esto permite explicar por qué un hombre como él, que pudo seguir una carrera exitosísima, decidió atender a mujeres que necesitan un aborto, aspecto tan poco valorado para muchos integrantes de la comunidad médica.

Al leer sobre su vida, he podido comprender cómo alguien con una profunda convicción cristiana y que podía haber perpetuado el estigma alrededor del aborto, ha decidido fortalecer su compromiso con las mujeres que demandan sus servicios, luchar contra el sistema sanitario restrictivo, que niega derechos ya ganados, y resistir a una horda fanática de cristianos que lo esperan a la salida de clínicas de aborto para satanizarlo, amedrentarlo y desearle la muerte, fatal destino que han corrido otros médicos.

Vivimos tiempos difíciles, polarizados, con retrocesos que no nos han permitido avanzar con la racionalidad que se debería. Sin embargo, historias como la del Dr. Parker nos llenan de esperanza y nos animan a pensar que este tiempo aciago llegará a su fin más temprano que tarde. Debemos lograr que más "doctores Parker" nos acompañen en la lucha y creo firmemente que en América Latina podemos encontrarlos. Hemos sentido su apoyo en la "marea verde" de Argentina o en la erradicación absoluta de la penalización del aborto en Chile. También en los avances que hemos dado en cortes nacionales e internacionales, que dieron la razón a las mujeres cuyos derechos fueron negados y que lograron que en muchos países hoy se disponga de reglamentaciones que han permitido el cumplimiento de leyes que durante más de 80 años solo habían sido letra muerta.

Todos estos modestos avances no están libres de amenazas y, paradójicamente, son las mismas contra las que lucha y resiste el Dr. Parker. La gestión de Donald Trump no solo ha promovido el odio hacia las mujeres; también ha impuesto normas humillantes que las y los médicos están obligados a cumplir, y viene asfixiando a los servicios de salud con la reducción de su presupuesto. Estas medidas han empoderado a los enemigos de las mujeres y de las personas LGBTI, quienes se oponen al reconocimiento de su libertad de decisión y ven en América Latina su campo de acción.

El libro y el mensaje del Dr. Parker transmiten pasión y energía, y nos llega en un momento justo, de lucha ardua contra quienes creen que sus valores tienen que ser impuestos de grado o fuerza, aunque ello signifique recurrir a la mentira o a la corrupción.

Vivimos tiempos difíciles, pero no perdemos la esperanza. Estoy segura que muchos otros y otras Parkers están allí, listos y listas para levantar sus voces. Y cuando lo hagan, serán partícipes no solo de importantes cambios en la vida de las mujeres que atienden, sino en la historia de la igualdad de género y de la justicia reproductiva.

Susana Chavez A.,
Directora de Centro de Promoción y Defensa de los Derechos Sexuales y Reproductivos (PROMSEX),
Secretaria Ejecutiva del Consorcio Latinoamericano contra el Aborto Inseguro (CLACAI)

LUCHAMOS POR LOS DERECHOS HUMANOS Y LA DIGNIDAD DE TODAS LAS PERSONAS

P arpadeé entre lágrimas mientras leía las memorias del Dr. Willie Parker, siguiendo su viaje como un niño negro del sur de Alabama que creció en la pobreza para convertirse en un proveedor de aborto cristiano, que dedicó la obra de su vida a salvar las vidas de las mujeres embarazadas que, por un sinfín de razones, ya no quiere estar embarazada.

Como Directora Ejecutiva del National Latina Institute for Reproductive Health (Instituto Nacional de Latinas para la Salud Reproductiva), he seguido mucho el trabajo del Dr. Parker. Incluso diría que soy un poco fanática, enamorada de su enfoque poco arrepentido, audaz y sincero de la atención del aborto en este país.

He compartido sus escritos, sus entrevistas y su charla TED en un curso de posgrado que imparto sobre "Género, raza y justicia reproductiva en los Estados Unidos" en la Universidad de Nueva York, para que mis alumnos puedan presenciar a un hombre de fe profunda que demuestre un compromiso moral a la libertad reproductiva.

Fue esclarecedor aprender su caso cristiano para acceder al aborto y escucharlo hablar tan poderosa y profundamente desde un lugar de piedad, amor y respeto. Él es un héroe para mí y para muchos otros, y como activista de la justicia reproductiva de las latinas, siempre estoy muy agradecida de ver a un hombre de color en las trincheras con nosotras.

Es el mejor aliado masculino que, literalmente, está poniendo su vida en peligro para garantizar que las personas que necesitan atención de aborto en los estados de menor acceso puedan recibir atención compasiva y especializada, sin estigma ni juicio.

Conocí por primera vez al Dr. Parker en persona en United Methodist Beacon en Capitol Hill el 2 de marzo de 2016, la fecha de los argumentos orales para Whole Woman's Health v. Hellerstedt. Fue la 'sala verde' para el mitin frente a los escalones de la Corte Suprema, donde miles de activistas se reunieron para apoyar (y unas pocas docenas de personas que se opusieron) a la audiencia para el caso histórico que anuló las leyes que intentaron cerrar las clínicas en Texas.

Estaba preparándome para salir al escenario ese día enérgico y soleado para dirigirme a la multitud, junto a nuestras "poderosas" latinas (activistas) que habían viajado horas desde Texas para estar allí. El Dr. Parker llevaba una bufanda del Centro de Derechos Reproductivos y un sombrero de vaquero púrpura, deslumbrado con un útero, y era cálido, divertido y sincero. Nos abrazamos, nos reímos y tomamos fotos. Fue un día feliz. Sus comentarios fueron claros, inspiradores y auténticos. Bromeó que como médico, su cura a los "conservadores invasivos" era votar. Instó a la multitud a "votar como si la vida de las mujeres dependiera de ello, porque sí". Me sentí bendecida por estar en su presencia y compartir un escenario esa hermosa tarde.

Pero no fue sino hasta que leí este libro que me sentí profundamente conectada a los rincones del viaje de su vida... su historia, su imaginación, su conciencia y su corazón. Como alguien que se identifica como una "católica cultural" y está profundamente comprometida con una visión verdaderamente interseccional de la justicia reproductiva, me sentí agradecida de ser invitada a la historia íntima y poderosa de la reconciliación de la fe y el aborto del Dr. Parker, arraigada en la Teología de la Liberación. Él posee amor sagrado, dignidad y justicia. Su cuestionamiento de las reglas cristianas de compromiso, el reconocimiento del patriarcado profundo de su fe y su compromiso con las mujeres mismas realmente me resonaron. Sus palabras a lo largo de este libro me recordaron a los activistas de Latinx, con los que trabajo en todo el país todos los días, que son personas profundamente comprometidas con su fe y que son defensores feroces de la justicia reproductiva, no a pesar de su fe, sino a causa de ella. Vemos el mundo a través del lente del amor, la compasión y el desinterés de nuestras compañeras poderosas. Luchamos por los derechos humanos y la dignidad de todas las personas, sin importar su raza, identidad de género, orientación sexual, capacidad, religión, estatus migratorio, estatus socioeconómico o el idioma que hablan. Creemos en una visión de la justicia reproductiva que se logrará cuando todos tengamos el poder económico, social y político y los medios para tomar decisiones sobre nuestra salud, familia y futuro con dignidad y autodeterminación.

El trabajo del Dr. Parker es fundamental para hacer realidad esa visión. Sin proveedores de servicios de aborto que estén dispuestos a arriesgar sus propias vidas para garantizar que las personas que ya no quieren estar embarazadas puedan alcanzar sus metas y preservar su dignidad, no habría un movimiento de justicia reproductiva. Si bien las vidas reales y complejas de las mujeres de color se centran en el marco de la justicia reproductiva, los proveedores de servicios de aborto son esenciales para garantizar que haya procedimientos seguros y accesibles para que luchen nuestras comunidades.

Estoy agradecida por el tiempo, la atención y la traducción de esta historia al español, para que nuestras hispanohablantes monolingües de Latinx en los Estados Unidos y en todo el mundo, puedan unirse al Dr. Parker en su trayectoria personal y profesional. Se les dará la oportunidad de profundizar su comprensión íntima de lo que él lleva en su mente, su conciencia y su corazón a medida que cumple el propósito de su vida. Me siento honrada de ser parte de este libro.

Jessica González-Rojas, Directora Ejecutiva
National Latina Institute for Reproductive Health.

LA LUCHA POR LOS DERECHOS SEXUALES Y REPRODUCTIVOS DE LAS MUJERES, ES LA LUCHA DE LAS MINORÍAS NEGRAS EN ESTADOS UNIDOS

C uando me pidieron escribir un prólogo para este libro, quedé un tanto sorprendida. No soy escritora, soy ginecóloga y realmente la escritura no lo considero mi fuerte. Pero debo decir que al leer el libro *La Obra de mi Vida* del Dr. Willy Parker, donde el autor desmenuza de manera detallada y sublime las decisiones en su vida que lo llevaron a ser lo que es hoy y por lo cual se desvive todos los días, ser un proveedor de abortos, no pude decir que no.

Leí el libro, luego de seis meses de lucha en Puerto Rico, batallando contra un proyecto de ley que limitaba severamente los derechos sexuales y reproductivos de las mujeres y adolescentes en mi país. También lo leí mientras viajaba hacia el primer Diálogo Intergeneracional e Intercultural por el Aborto en Latinoamérica y el Caribe que se llevó a cabo en Argentina. Definitivamente fue una inspiración concertada de los tres sucesos, la lucha por mantener y mejorar los derechos sexuales y reproductivos en Puerto Rico, la reunión de mujeres poderosas que llevan luchas de décadas por derechos de salud en América Latina y este libro, que personifica las luchas personales, profesionales y espirituales que el tema del aborto trae.

Con la relevancia de su traducción al español, el autor desarrolla muy diestramente los conflictos sobre el tema del aborto y los eleva a un plano universal, desencajonándolo de los matices culturales y religiosos donde la mayoría de las veces el tema se queda y muere. El equiparar la lucha por los derechos sexuales y reproductivos de las mujeres con la lucha de las minorías negras en Estados Unidos, resonó mucho con otras luchas de minorias, de grupos y mujeres indígenas en Latinoamérica que experimenté en esa reunión en Argentina.

La Obra de mi vida resuena mucho con esas historias, algunas de júbilo por luchas logradas en Argentina y Uruguay y México, otras más desalentadoras como las de Chile, Ecuador, Bolivia y Paraguay. El libro personifica la lucha de un médico ante unos estados de derecho muy hostiles en jurisdicciones donde el acceso al servicio del aborto es difícil y más para los negros que suelen ser los más pobres. Pone en relieve el derecho al aborto como parte de derecho a la salud y como éste debe ser parte de todos los derechos humanos. Al hacer esto, se convierte en un libro indispensable para instruir y argumentar a favor del aborto.

A través de su narrativa, Dr. Parker logra capturar la esencia del debate en torno al aborto en todos los niveles, desmitificando en cada capítulo todos los argumentos levantados a través del tiempo y desvistiendo el aborto hasta dejarlo en su esencia. Es un libro inspirador que invita a seguir luchando por esta causa rebelde, verde y solidaria, donde muchas mujeres encuentran sororidad de hermanas.

Yari Vale Moreno MD FACOG,
Family Planning Director, University of Puerto Rico.

PRÓLOGO A LA EDICIÓN EN ESPAÑOL

*L*a *Obra de mi vida, Desde las trincheras, un argumento moral
a favor del Derecho a elegir, ha sido traducido para apoyar
la incidencia por los derechos de salud reproductiva más a
menudo negados a las mujeres pobres, mujeres de color, pero más
esencialmente a todas las personas que se espera procreen simplemente
por haber nacido mujeres. Aunque la mayor parte de mi incidencia
ha sido en los Estados Unidos donde vivo, me ha preocupado en
igual manera la situación de las mujeres en otras partes del mundo,
donde la opresión reproductiva ha sido conducida y facilitada por
extremistas religiosos en el asunto del aborto. Muchos de esos países
están en Latino y Suramérica, y, con la excepción de Brasil, son países
hispanohablantes donde el catolicismo es el entendimiento religioso
dominante. La influencia de la iglesia trabajando en conjunto con los
conservadores políticos en estos países me resulta familiar porque
son las mismas oposiciones que enfrentamos en los Estados Unidos.
Las mujeres están siendo encarceladas bajo la presunción de que
sus abortos espontáneos fueron intentos de aborto, las mujeres y
niñas víctimas de violación o incesto han sido obligadas a dar a luz
luego de concebir bajo estos crímenes, y las mujeres desesperadas
en terminar sus embarazos no deseados o que no pueden continuar
están siendo forzadas a tomar riesgos innecesarios para cumplir sus
metas reproductivas. Mi consciencia sobre estas realidades, a pesar
de que no soy mujer, de origen latino, o de fe católica, me obligó a
poner este libro disponible en un formato que le permita ser leído
por las liderezas y defensoras de las vidas y salud reproductiva de

las mujeres ya sean éstas políticas o laicas. El propósito es crear una oportunidad para que las mujeres y sus familiares tengan un diálogo constructivo sobre los derechos reproductivos en aras de su promoción, y espero sinceramente que aún aquellos opuestos al aborto por lo que consideran motivos religiosos lean el libro también para comenzar a explorar de manera honesta dónde hay terreno en común así como dónde debe residir un honesto desacuerdo.

El Dr. Martin Luther King, Jr. una vez vio desafiada su feroz oposición a la guerra de Vietnam cuando se le conocía mejor como un activista de derechos civiles, por aquellos que estaban en desacuerdo con él. Fue acusado de involucrarse en asuntos que no eran los suyos. Su respuesta ante sus críticos fue simplemente que hablaba sobre la guerra de Vietnam y sus atrocidades porque se rehusaba a segregar sus preocupaciones sobre violaciones a derechos humanos donde sea que éstas ocurrieran. Fue tan firme al hablar sobre las injusticias de la guerra como lo fue sobre la segregación racial. El Dr. King trajo a colación la imperativa moral que consideró era intrínseca al trabajo de derechos humanos. Así mismo, traducir este libro me permite hablar sobre las vidas reproductivas y destinos de las mujeres en América y otras partes del mundo de la opresión de género es facilitada por el extremismo religioso. Me preocupa en igual manera el sufrimiento en Centro y Suramérica que el sufrimiento de las mujeres infligido en los estados del sur de los Estados Unidos. Hago un llamado para un entendimiento religioso y científico de la reproducción que desafiará al patriarcado y la opresión de las mujeres globalmente, así como el Dr. King también dijo que "la injusticia en cualquier lugar es una amenaza a la justicia en todo el mundo."

W.P.

Las mujeres

A las 6:30 a.m. en un día de trabajo, la sala de espera de la clínica de aborto en Servicios Reproductivos de Salud en Montgomery, Alabama, está callada como una iglesia. Adentro de las puertas blindadas, las mujeres me esperan, ocupando cada una de las sillas forradas de vinilo, ocasionalmente reclinadas en el alféizar de las ventanas: veinticinco, treinta, a veces hasta cincuenta mujeres. Cuando atravieso el cuarto en mi ropa de calle —el uniforme de suéter, gorra de béisbol y gafas de sol recetadas que me permiten ocultarme a simple vista— la mayoría ni siquiera alza la mirada. Pero ocasionalmente alguna mujer habrá escuchado de mí, el "doctor negro bueno" en esta clínica, y encontrará mi vista y sonreirá. Puede que crea que voy a sacarla de esto, lo que sea que "esto" signifique para ella, y espera que haciendo contacto con la mirada me mostrará que es una persona con una historia, y razones, y sueños propios.

Estoy aquí, en esta concurrida clínica de aborto en Alabama —o Mississippi, o Georgia, donde también trabajo— para brindar abortos a mujeres porque dicen que los necesitan. Soy un hombre cristiano, criado en iglesias aquí y en el sur —en Birmingham, a más de una hora conduciendo desde Montgomery—. En las iglesias negras de mi infancia, un embarazo no planeado era razón suficiente para vergüenza pública o incluso expulsión del ministerio de la iglesia. Una chica accidentalmente embarazada podría ser obligada a pararse frente a la congregación del domingo por la mañana y suplicar perdón por sus pecados, mientras el muchacho de igual curiosidad sexual que ayudó a embarazarle se sienta, con sus hermanos y hermanas en Cristo, juzgándola. Sin que yo lo supiera, las mujeres en las iglesias de mi juventud debieron haber tenido abortos a veces —por supuesto que lo hicieron, legal o ilegalmente— pero jamás ninguna habló de ello. Esta era la cristiandad con la que crecí, y me ha tomado décadas de lucha emocional, espiritual e intelectual con mi propia consciencia y con mi mundo, para llegar al lugar en donde estoy ahora. Sigo siendo un seguidor de Jesús. Y creo que como proveedor de abortos estoy haciendo el trabajo de Dios. Estoy protegiendo los derechos de las mujeres, el derecho humano a decidir su futuro por sí mismas, y a vivir sus vidas como mejor les parezca. Hoy en día, mientras escribo esto, el acceso a cuidados para aborto seguro y compasivo está bajo una amenaza sin precedentes, más a menudo por personas que se llaman a sí mismos cristianos. Lo que hago es inconcebible para mis oponentes creyentes, sin embargo el preservar tal acceso es mi llamado. Como un cristiano y como doctor, estoy comprometido a proteger la salud de las mujeres.

El entendimiento moral me llegó lentamente, pero comenzó a formarse hace más de doce años cuando tuve lo que llamo mi "momento de ir a Jesús" alrededor del tema del aborto. Desde hace mucho en la infancia había concluido que los abortos eran incorrectos, y durante la primera mitad de mi carrera como ginecobstetra, me rehusé a realizarlos. Pero a medida que maduré tanto en mi fe y en mi profesión, me encontré cada vez más en desacuerdo conmigo mismo, un conflicto interno que se asentó incómodamente en mí. Nunca cuestioné las elecciones individuales de las mujeres, pero hasta que encontré claridad y certeza alrededor del tema del aborto —lo que llamo la conexión cabeza-corazón— me recusé a mí mismo, como doctor, de la lucha.

Desde que logré esa claridad de mente y plenitud de corazón que liberó mi entendimiento alrededor de este trabajo, mi pasión por él se ha duplicado. He estado trabajando como proveedor de aborto por más de una docena de años con energía y enfoque en aumento. Me mudé de regreso a mi pueblo natal de Birmingham para atender mujeres viviendo en comunidades como en la que fui criado. Algunas de mis pacientes, negras y pobres, fácilmente podrían ser una de mis tres hermanas o una prima o tía —otras podrían ser cualquiera: tú, tu sobrina, tu hija, tu madre, o tu mejor amiga; muchas son mujeres con algunos recursos, en las clases media y ascendente. Algunas de mis pacientes han formulado fuertes opiniones políticas sobre el aborto, pero la mayoría no lo han hecho y simplemente atraviesan mi puerta porque están haciendo lo que consideran necesario para sí mismas. Hago esta labor en el contexto de una cruzada nacional emprendida en su contra —una que, con un Congreso y presidente republicanos, promete recrudecerse. Los llamados de los grupos opositores para revertir Roe,[1] para revocar la Ley de Asistencia Asequible (*Affordable Care Act* en inglés), y quitar los fondos a Planned Parenthood crecen cada vez más fuertes. Cada uno de estos movimientos de retroceso no sólo disminuye el acceso de las mujeres a cuidado de aborto asequible y seguro, sino que disminuye su acceso a un buen cuidado de salud en general, poniendo sus vidas y las de sus hijos en riesgo. Y las mujeres pobres y negras cargarán con gran parte de esta postura política ideológicas —como siempre lo hacen.

Este punto ya me ha colocado conscientemente en la línea frontal. Desde el 2010, cuando los extremistas de derecha barrieron con las casas estatales y legislaturas, más de trescientas leyes estatales han sido aprobadas en afán de restringir el acceso al aborto —a pesar de que éste es legal—. En veintisiete estados, las mujeres ahora son forzadas a esperar uno, dos o hasta tres días entre recibir "consejería" obligatoria (que a menudo contiene información errónea) y obtener un aborto, una barrera que coloca una carga indebida en las mujeres trabajadoras, mujeres con hijos, y mujeres que viven en áreas rurales, demandando que tomen tiempo de su trabajo y gasten dinero adicional para un viaje de ida y vuelta a una clínica que puede estar a más de trescientos kilómetros de casa. Desde el 2010 catorce estados han prohibido procedimientos luego de las veinte semanas —una violación de Roe. Treinta estados han circunscrito las "medicinas

---

1 Roe v. Wade, es un fallo histórico emitido en 1973 por la Corte Suprema de los Estados Unidos sobre la cuestión de la constitucionalidad de las leyes que penalizan o restringen el acceso al aborto. La Corte falló que el derecho a la privacidad bajo la Cláusula del Debido Proceso de la 14ª Enmienda se extendió a la decisión de una mujer de abortar, pero que este derecho debe ser balanceado contra los intereses del Estado en regular el aborto: proteger la salud de la mujer y proteger la potencialidad de la vida humana. Argumentando que los intereses estatales se fortalecen a lo largo del embarazo, la Corte buscó resolver con equilibrio al vincular la regulación estatal del aborto al tercer trimestre del embarazo. (N.T.)

abortivas", colocando límites en el acceso de las pacientes a la píldora aprobada por la Administración de Alimentos y Drogas (FDA en inglés) que termina el embarazo en sus fases tempranas. Y más de dos docenas de estados han apuntado hacia las operaciones diarias de las mismas clínicas, colocando obstáculos irracionales en su camino con el propósito de cerrarlas. Estas leyes han tenido el efecto deseado. Desde el 2011, más de 160 clínicas de abortos han cerrado. Estas leyes han sido aprobadas de manera tan invisible, tan gradual, que pocos las han siquiera notado. Pero están afectando los futuros reales de mujeres forzándolas a llevar vidas que no eligieron.

Pienso en la mujer de veintiún años que atendí en la única clínica abierta en Mississippi en el 2013. Nacida y criada en el Delta del río Misisipi, en el estado de Luisiana, estaba en casa de vacaciones, habiéndose graduado de una universidad de Primera División, [2]donde estudió con una beca deportiva, e iba camino a la escuela de Derecho. Encontrándose con siete semanas de embarazo, buscó mi cuidado e hice su aborto sin complicaciones. Hablando con ella, vi cuán claro ella veía su vida. Ella estaba en el precipicio, a punto de escribir una nueva historia para sí misma. No sería otra madre en pobreza extrema. Viviría en un mundo de posibilidades sin límites, que crearía con su título de leyes. No detecté en ella ninguna vacilación, ni duda, ni reservas sobre su decisión de aborto. En toda su vida, esta mujer había tomado decisiones con su futuro en mente, y cuando vi lo consecuente que ésta era con ello, mi resolución de hacer este trabajo aumentó.

Cuando me convertí en proveedor de abortos en el 2002, había doce clínicas de aborto en mi estado natal de Alabama. Ahora hay cinco. Al lado, en Mississippi, sólo hay una. Realizar abortos donde la necesidad es mayor significa ser itinerante, siempre en la calle, porque las distancias entre las clínicas son tan grandes. En el carro, escucho todo tipo de música: Miles and Coltrane, Kenny G y Prince, Public Enemy y Notorios B.I.G. Soy devoto de los libros en cinta. Mi tiempo conduciendo se ha convertido en tiempo para mí

---

2 División I de la NCAA, tamb;ién conocida como D-I, es la máxima categoría de competición dentro de la NCAA, la liga universitaria de los Estados Unidos de América. A ella pertenecen las universidades de mayor potencial deportivo, debido a que es la división donde se permite reclutar mayor número de deportistas mediante becas pagadas por la universidad. (N.T.)

mismo. Estoy siempre lidiando con ropa que lavar y equipaje —las tareas que requiere una existencia nómada—. Como toda persona ocupada, mantengo un futuro de fantasía en mente; he comprado ollas de cocina y un bajo doble para el ocio que imagino pero que no poseo. En su lugar, lleno los espacios en mi agenda con otra vocación: compromisos de conferencias y reuniones de juntas, viajar por el país como un San Pablo del siglo veintiuno, predicando la verdad sobre los derechos reproductivos, porque he llegado a ver que soy aquel, como dice el viejo dicho, que yo había estado esperando. Mientras conduzco largos kilómetros me vuelvo contemplativo, y reflexiono sobre mis héroes: Martin Luther King Jr., Malcolm X, Sojourner Truth y Harriet Tubman —quienes llevaron las vidas y aspiraciones de todo un pueblo en sus espaldas.

Mis cinco hermanos y hermanas me dicen que se preocupan por mi vida, y comprendo su malestar. Entiendo que mi compromiso con este trabajo me pone en riesgo. Once personas, incluyendo cuatro doctores, desde la aprobación de Roe v. Wade en 1973, han sido asesinados por esta labor —matados a sangre fría por el supuesto pecado de brindar cuidado de salud legal y seguro a mujeres—. Racionalmente, sé de esto. Pero reitero mi voto a mis hermanos, y a mis amigos preocupados: me rehúso a ceder ante el miedo. La verdad es que tengo mayor temor a vivir una vida de cobardía, de permitir que cualquier ansiedad sobre un daño latente me aleje de mis convicciones. Puedo vivir consciente de que alguien pueda hacerme daño. No estoy tan seguro de ser tan valiente como para vivir sabiendo que tuve demasiado temor para hacer aquello que supe era lo correcto.

Aunque mi consciencia es clara y estoy seguro de la virtud de mi labor, cuando entro al estacionamiento de Montgomery, o Tuscaloosa, o cualquier clínica de aborto donde esté trabajando ese día, sigo experimentando un escalofrío inesperado de miedo. Puesto que cada mañana se encuentran allí, sin importar qué tan temprano sea, en el calor que derrite o la lluvia incesante, los manifestantes –usualmente hombres blancos de mediana edad— que me gritan "¡Asesino!". Vociferan: "¡Asesino de bebés!" "¡Negro sucio abortista!". No pienso ni por un segundo que están en lo correcto. Por naturaleza no es fácil intimidarme. Aun así su intención es provocarme, y sí me siento provocado. Estos hombres incitan en mí una rabia que soy capaz de calmar la mayor parte del día. Pero en esa hora temprana, sentado en mi carro, a veces cerca del amanecer, me enfurece que yo, que estoy en mis cincuentas, completamente calvo y de barba canosa, un doctor con un grado médico de la Universidad de Iowa y una maestría en salud pública de la Universidad de Harvard, tenga que andar ocultándome para entrar a mi propio lugar de trabajo. Y estoy consciente que, aunque la intención de estos manifestantes es lanzar insultos y no piedras, la verdad es que uno nunca sabe. Uno de ellos podría desquiciarse en cualquier momento: cualquiera de ellos podría portar un arma. Así que aunque me rehúso a esconderme, contratar un guardaespaldas o vestir chaleco antibalas, es imposible escapar a estas ideas: *Han asesinado personas por lo que haces. Este podría ser tu último día.* Cada mañana, luego de apagar el motor, me siento en el carro y me preparo, para calmarme. Canalizo la valentía en el legado de derechos civiles que he estudiado, y correlaciono estos insultos a aquellos, mucho más feroces e implacables, que el Dr. King y otros soportaron todos los días. Al abrir la puerta del coche, recuerdo lo que mi madre me dijo cuando tenía ocho años, la primera vez que alguien me llamó "nigro":[3] Jamás debo golpear a alguien a menos que me golpee primero. Respiro hondo y junto mis cosas: llaves, laptop, teléfono, bolso. No me involucro. Salgo de mi carro y uso la llave del control remoto. Me paro erguido, con mis ojos enfocados en el suelo, y camino, ni rápido ni lento, hacia mi lugar de trabajo.

No paso por alto que las mujeres en la sala de espera también han tenido que caminar a través de estos manifestantes. Aún si fueron escoltadas a la puerta por algún alegre activista pro-elección de cabello rosado brillante que lleva una sombrilla protectora color arcoíris, han escuchado la virulencia, diferente de los insultos arrojados contra mí, pero no menos ofensivos. "¡Piénsalo dos veces!" "¡No asesines a tu bebé!". Los manifestantes antiaborto gritan estas cosas, como si estas mujeres no tuvieran mente propia. Como si su decisión no es meritoria de respeto. Como si no fueran, como la mayoría de ellas

---

3 En el idioma inglés, la palabra nigger es un insulto racista dirigido a las personas de de color. La palabra se originó como una variación del sustantivo negro español y portugués, un descendiente del adjetivo latino niger. Viene del tráfico de esclavos que realizaban los portugueses por el Caribe.

lo son, adultas ejerciendo un derecho legal a realizar una decisión de cuidado de salud para sí mismas. (Imaginemos por ejemplo, estas agresiones verbales lanzadas a cualquier otra persona por realizar cualquier otra elección de cuidado de salud importante: la decisión de emprender un proceso potencialmente letal de quimioterapia, por ejemplo. "¡No arriesgues tu vida! ¡Suicídate!"). Los manifestantes encuentran fácil el insultar a las mujeres que vienen a mí buscando cuidado —como si decidir racionalmente terminar un embarazo hace a una mujer desconsiderada e irresponsable como un niño—. En mi experiencia, lo opuesto es cierto: Para cuando una mujer se encuentra en mi sala de espera ya ha andado un largo camino introspectivo. Ha tenido que dar un duro y buen vistazo a su vida. Ha tomado en cuenta un mundo de factores contradictorios y a veces difíciles. Cualquier acto sexual que la trajo aquí —un coito encendido por el amor, pasión, deseo, esperanza, indiferencia, y sí, a veces incesto y violación— está hace mucho en el pasado y ahora es anulado por preocupaciones más urgentes y pragmáticas. Creo personalmente que el aborrecimiento hacia el aborto expresado por los hombres que se sitúan en las barricadas frente a las clínicas de abortos es de hecho el horror desubicado hacia la autonomía sexual de las mujeres. Es lógico: la independencia sexual de las mujeres es aquello que los hombres siempre han querido controlar. Pero para las mujeres en la sala de espera de la clínica de abortos, el sexo en sí es historia y totalmente fuera de lugar. Ellas están acá en busca de sus vidas.

Cada mujer sentada en una de las sillas de respaldar alto en la clínica de Montgomery ha perdido un período menstrual. Han orinado en una varita en casa o en un baño público o en la casa de una amiga o en un dormitorio y han visto el resultado; en un santiamén han tenido que digerir cómo un nuevo hijo o hija afectará el futuro que imaginan para sí mismas. Han tenido que decidir en quién puede confiar y quién la juzgará o reprochará y a quién por lo tanto es necesario mentirle o mantenerle en la oscuridad. Han confrontado los pensamientos privados y anhelos cualesquiera que pueda tener sobre su visión para su vida, incluyendo ideas profundamente arraigadas y posiblemente hasta ahora inexploradas sobre su desarrollo profesional, amor, maternidad, y Dios. Han tenido que considerar los aspectos prácticos a menudo estrictos que delimitan sus días: agendas de estudios, demandas laborales, la responsabilidad de cuidar a otros niños o familiares enfermos, la presencia segura y de apoyo —o no— de la persona cuyo esperma entró en su cuerpo hace más de seis semanas, sus circunstancias financieras, su edad, los límites de su propia salud. Para cuando una mujer se sienta a esperar que la atiendan en una clínica, su intención ha sido enfocada y clarificada. Ha resuelto cómo juntar $550 si tiene seis semanas de embarazo, o hasta $1,400 si está más avanzada. Ha tenido que ser fiel a sí misma, a pesar de que su proceso de decisión ha sido irrumpido y corrompido por estas nuevas leyes estatales que requieren que sea "aconsejada" —por mí, un doctor acreditado o un psicoterapeuta— en un encuentro "protector" montado que a menudo da información falsa o incorrecta a estas mujeres sobre el aborto disfrazada de verdad científica. En Mississippi, me es requerido informar a las mujeres que tener un aborto incrementa su riesgo de cáncer de mama, un hecho fraudulento —¡una mentira!— de la cual no existe evidencia científica; les digo lo que la ley requiere, y luego, con la misma voz, les explico que simplemente eso no es cierto. En Alabama, cada paciente para aborto debe recibir un panfleto llamado *Sabías Qué…*, el cual repetidamente usa el término problemático "hijo no nacido" en alternancia con "embrión" o "feto" que son más precisos médicamente; y promueve la abstinencia como la manera más segura de control de natalidad. Si pudiera negarme a distribuirlo, lo haría. En su lugar, se lo doy a las mujeres, diciendo que la ley me obliga a hacerlo, pero que no tienen que leerlo y que me lo pueden devolver. Para cuando una mujer llega a una clínica de aborto y se coloca bajo mi cuidado, ha enfrentado un mundo de juicios y ha encontrado que todos —su novio, su propia madre, su pastor, su mejor amigo— tienen algo qué decir.

Al grano: Una mujer que quiere terminar su embarazo tiene que tomar su decisión en el contexto de una cultura que la avergüenza y, cada vez más, dentro de las restricciones de leyes que le causan dramáticos   inconvenientes.   Éstas   degradan   su   humanidad presumiendo saber mejor que ella cuáles son sus intereses. Limitan su acceso a clínicas y doctores y le transmiten falsa información. La suposición subyacente de todas las nuevas leyes es que no se puede confiar en las mujeres para que tomen sus propias decisiones de salud; no se puede confiar en que sus doctores les digan la verdad; y el conocimiento científico debe ser subvertido en nombre de la verdad religiosa. Acato estas leyes estrictamente, las cuales creo que violan la libertad humana, porque mi principal prioridad es ser capaz de poder continuar brindando abortos. Si infrinjo la ley por frustración o enojo y soy puesto fuera de servicio, los opositores ganan.

Sin embargo, cada día es más y más difícil para las clínicas de abortos en Alabama (y en muchos otros estados) mantenerse abiertas, ya que mientras algunas de estas nuevas leyes son diseñadas para interferir con el proceso de decisión de una mujer, otras son diseñadas explícitamente para impedir mi habilidad de salir a trabajar. Esta es la regulación dirigida a quienes brindan abortos, llamadas leyes TRAP[4] (por sus siglas en inglés), y tienen en la mira las operaciones de cuidados de aborto, creando obstáculos logísticos irrazonables y costosos que los que proveen abortos deben despejar para mantenerse funcionando. Requieren que los doctores de abortos obtengan privilegios de hospitalización —cuando los legisladores saben que ningún hospital accederá a otorgar privilegios a personas como yo, en parte porque muchos de los hospitales en los estados del sur de Estados Unidos, conocidos como el Cinturón Bíblico no desean el dolor de cabeza de relaciones públicas de parecer que condonan el aborto brindando tales privilegios, y también porque, hablando en términos prácticos, no hay incentivo financiero para que éstos lo hagan. (Los abortos son tan seguros que muy rara vez las pacientes requieren hospitalización; los doctores que trabajan con pacientes externos en clínicas de aborto contribuyen poco a los hospitales en forma de "flujos de ingresos".) Estas nuevas leyes requieren que los pasillos de las clínicas sean lo suficientemente anchos como para acomodar una camilla —cuando la necesidad clínica de una camilla es virtualmente nula—. Colocan restricciones ineficientes e innecesarias sobre la eliminación de desechos de material fetal. Para mí y los otros doctores que hacen esta labor, así como para los mismos propietarios de las clínicas, estas leyes demandan montañas de papeleo. Debemos ser incansables en nuestra vigilancia, gastando incontables dólares acatando cada nueva regulación —por irrelevantes que sean para la

_____

4 Targeted Regulation of Abortion Providers (TRAP) Es una serie de leyes dirigidas a clínicas y proveedores de abortos individuales y los somete a regulaciones que son más estrictas que las aplicadas a las clínicas médicas en general. (N.T.)

preservación de la salud de las mujeres— y luchar en su contra, en la corte si es necesario, para asegurar la disponibilidad de un servicio legal para todas. Y por su parte, una mujer que desea un aborto debe demostrar una determinación súperhumana para conseguirlo. Cuando nos encontramos en la sala de espera de una clínica, su determinación es a menudo el aspecto más definitivo en ella. Es equiparada solamente por la mía.

Sacuden sus piernas en la tapicería de vinilo. Observan su regazo. Se pierden en sus teléfonos. En un solo día en Montgomery, entre las horas de, digamos, 6:30 a.m. y el mediodía, realizaré al menos dos docenas de abortos, y las mujeres que vienen a mí son de todas las etnias, la mayoría de entre diecinueve hasta casi cuarenta años, aunque a veces veo niñas pequeñas de hasta doce años, conmocionadas y confundidas por sus circunstancias actuales y esperando con sus madres. Las personas que pasan las nuevas leyes se preocupan por fetos, pero estos son humanos a los que brindo cuidado —personas reales, no meros organismos biológicos con el potencial de convertirse en tal. Estas personas tienen vidas imperfectas, complicadas y completas —y esperanzas y sueños que se harán realidad o no—. ¿No tienen derecho a ser las autoras de sus propias historias, encontrar sus propias victorias y felicidad, cometer sus propios errores, sin un congreso de legisladores dictando lo que deben hacer? Son estudiantes universitarias, mujeres casadas, mujeres solteras, mujeres sin hijos. En una sola mañana puedo ver una mujer a punto de entrar al ejército; una maestra de primer grado; una técnico de rayos X; y una chica robusta de cabello largo cuyo cuerpo está cubierto en tatuajes incluyendo uno que dice *Todo lo puedo en Cristo, que me fortalece.* A veces usan palabras como "mi novio" o "mi esposo" y a veces hablan más eufemísticamente, como "esta persona con la que estoy lidiando" o "usualmente no tengo sexo". Un acto de relaciones sexuales ha traído a estas mujeres aquí, pero en el día de su aborto, los hombres están en la periferia de sus vidas, esperando por ellas en coches o camionetas apagados en el estacionamiento o a orilla de calle. Aquí, en la clínica de aborto, es un mundo de mujeres.

En el día del procedimiento, hago un ultrasonido para determinar la edad gestacional del feto, y cuando le pregunto a la mujer si quiere ver la imagen en la pantalla —como es requerido que haga en Alabama— muy pocas dicen que sí. Este impulso, creo, es el opuesto de lo cruel o mórbido. Las mujeres a las que les brindo este servicio tiene la visión clara, capaces de sortear todos los diferentes factores de sus vidas. Tienen la claridad que necesitan, y que yo requiero de ellas antes que realice su procedimiento, pero —porque son humanas, no dioses ni robots— nunca tendrán la total certeza que los opositores demandan de ellas. Y han determinado en ese momento lo que es correcto para ellas y sus familias. Y, en adherencia a mi compromiso cristiano y ético de no realizar juicios de valor sobre las decisiones individuales de las mujeres, no les interrogo sobre las circunstancias que les trajeron acá (a menos que detecte algo ilegal o no ético en juego, como incesto, o que la mujer esté siendo coercida). Pero si hacen preguntas, como sucede frecuentemente, les contesto como su doctor —y no como su confesor o amigo— y les doy la verdad médica.

Antes de veintidós semanas, un feto no es de ninguna manera igual a "un bebé" o "un niño". No puede sobrevivir fuera del útero porque no puede respirar —ni siquiera con un respirador artificial. No puede concebir nada a manera de pensamientos. Hasta veintinueve semanas gestacionales completas, a pesar de lo que los opositores digan, el consenso científico es que no puede sentir nada parecido al dolor. Les digo a las mujeres que tener este aborto no impedirá su habilidad futura de tener hijos —tantos como quieran— en cuanto persista su fertilidad. No abordo ni perpetuo ninguna de las nociones sentimentalistas de la cultura sobre la primacía de la maternidad en la vida de las mujeres; considero el encuentro de un esperma y un óvulo como un evento biológico, no menos milagroso pero moral y cualitativamente diferente de una vida humana que respira y existe, imbuida de santidad sólo cuando la madre, o los padres, así lo consideran. Mi trabajo, como yo lo veo, no es animar o desalentar a las mujeres a tener abortos, pero a desplegar mi pericia médica en el servicio de su libre elección, cualquiera que ésta sea. Y por su parte, la mayoría de las mujeres están aliviadas de encontrarse, al fin, en esta zona libre de juicio. Entienden que han tomado una decisión con ciertas consecuencias y, habiendo elegido en esta coyuntura terminar su embarazo, la mayoría de ellas son capaces de vivir, completamente, con la complejidad de esa elección. A veces las mujeres tienen lágrimas cuando me ven, o cuando ven la imagen del sonograma, pero como aprendí hace mucho tiempo, el llanto no es igual a la indecisión. Como yo lo veo, el deseo de ver la imagen del sonograma es un clamor de decisión. *Esto es real. Esto es lo que estoy haciendo. Esto es lo que quiero, habiendo decidido en este momento para mi vida humana individual y única no seguir un camino diferente.*

Es después, cuando están en la mesa, y las semanas de ansiedad reprimida se convierten en alivio —una compuerta abierta ahora que terminó la angustia— que las mujeres comienzan a contar sus historias, espontáneamente. Una mujer cuenta que se enfermó tanto con su primer embarazo que tuvo que ser hospitalizada; siendo ahora madre soltera de un hijo de nueve años, no puede costear ser hospitalizada de nuevo. Otra planea unirse al ejército y ya está arreglando el dejar a dos muy pequeños hijos al cuidado de sus padres, firmando papeles haciéndoles custodios en caso que algo fatal le suceda en el cumplimiento de su deber. Una tercera sigue el trabajo de su esposo a una gran ciudad en el norte y necesitará continuar una carrera corporativa de tiempo completo para llegar a fin de mes. Está una madre de tres niños, recientemente divorciada, con un hijo de un año en casa. Hay atletas y bailarinas con su mirada en grandes sueños —los Olímpicos, Alvin Ailey—. Hay mujeres estudiando por títulos, esperando convertirse en terapistas, biólogas, maestras, enfermeras. También hay drogadictas, hermanas de sororidades, mujeres en negación sobre verdades fundamentales en sus vidas, mujeres que consienten estar en relaciones destructivas que son imposibles de entender. En ocasiones, veo a la misma mujer en dos ocasiones durante cuatro meses. Como todas las personas en todo el mundo, las mujeres en estas clínicas son, para bien o para mal, simplemente humanas haciendo su mejor esfuerzo, tomando esta decisión habiendo tomado en cuenta todo lo que pueden. Pero sin importar lo que las trajo aquí, no merecen cargar con lo peor de la vergüenza disfuncional e histórica de una sociedad. Pienso ahora en una paciente que terminó su embarazo porque no estaba casada (aunque sí en una relación a largo plazo) y por ser la líder de un grupo cristiano de jóvenes. Al sentir que no podría ser el modelo "apropiado" del comportamiento cristiano bajo estas circunstancias —como una mujer cristiana embarazada y soltera— tuvo un aborto en su lugar. No le dije esto en ese momento, pero así me sentí: ¿Cuánto mejor habría sido trabajar en su dilema de la vida real de manera abierta y honesta para los niños a quienes enseña y no reforzar un entendimiento rígido de cómo deben comportarse las mujeres cristianas? Un tercio de las mujeres estadounidenses han tenido abortos, pero una fracción de ellas son suficientemente valientes como para levantarse y contar sus historias. Me he dado cuenta que cuando las mujeres sí comparten sus experiencias de aborto, en voz alta, entre sí, y con los hombres de su vida, lo hacen en gran parte para rechazar el estigma y la vergüenza —para ellas mismas y para todas las mujeres que han sido silenciadas y culpabilizadas.

Hace años, un querido amigo me dio una imagen religiosa que atesoro profundamente. En ella, Jesús —un Jesús negro— se encuentra de cuclillas al lado de una mujer que permanece postrada en el suelo, acobardada y aterrorizada. Es la adúltera descrita en el *Evangelio de Juan*, a punto de ser lapidada por las autoridades por violar las costumbres locales y leyes religiosas que controlan la sexualidad de las mujeres. En la imagen, la mujer es rodeada de hombres barbados, todos sosteniendo piedras en sus manos, habiendo decidido que su prerrogativa es juzgarla y sentenciarla. La ejecución de la mujer es, obviamente, inminente. Pero Jesús ha intervenido, sentado junto a ella, escribiendo las letras G-R-A-C-I-A en el suelo. El mensaje de la imagen, por supuesto, es que a través de la gracia de Dios todo está perdonado. Pero me sorprendió, al ver por la millonésima vez la imagen en mi escritorio, que quizá ésta tiene también otro significado. Quizá el nombre de la adúltera es, de hecho, Gracia. (En la Biblia, pocos de los personajes femeninos de hecho tienen nombres). Quizá Jesús tuvo que pasar por la muchedumbre iracunda y acercarse a la mujer gentilmente, verla en la cara, y preguntar su nombre. Al saber este aspecto íntimo de ella, su nombre, y al escribirlo en el suelo, Jesús está reconociendo no solamente su humanidad sino que su individualidad también. Es una mujer en general, sujeta a las leyes injustas de su tribu, pero también es una persona real, en circunstancias reales, y cualesquiera que estas fuesen, no ameritan la vergüenza pública o una sentencia de muerte.

Tantas mujeres cargan con esta culpa de sí mismas que nada me gustaría más que ayudarles a desecharla. A veces las mujeres, habiendo absorbido las lecciones de las iglesias cristianas como en la cual fui criado, llaman a la clínica para preguntarse en voz alta ante cualquiera que conteste el teléfono: "¿Me perdonará Dios?" Y si sucede que estoy del otro extremo, lo que les digo, en resumen, es esto: No veo razón porqué una mujer debería sentirse a sí misma merecedora de una separación con Dios por una decisión que tiene que tomar. El Jesús que yo amo tiene un entendimiento no conformista de su fe. Sabe que las leyes y reglas ruines establecidas por los hombres y las autoridades son insignificantes, y que creer en un Dios amoroso es negarse a levantarse en juicio contra cualquier compañero mortal. No pretendo ser como Jesús, sólo emularlo lo mejor que pueda, y hago este trabajo porque me di cuenta, hace una docena de años, que si estuviera en sus zapatos, en encrucijada y buscando apoyo compasivo, querría el cuidado y atención de alguien en una posición de ayudar. En lugar de juzgarlas, les doy aquello por lo que vinieron —de la manera más experta, segura, rápida y sin dolor que pueda— y les envío a sus casas para que puedan continuar con las vidas que desean, y no vidas que alguna autoridad quiera para ellas. Realizar abortos, y hablar en favor de las mujeres que quieren abortos, es mi llamado. Es la obra de mi vida, y les dedico este libro a ellas.

CAPÍTULO I

Conversión

En el 2002, cuando tenía cuarenta y un años, mi vida, en toda medida, era buena. Vivía en el penthouse de un condominio de catorce pisos en Honolulu, Hawái, que tenía paredes de vidrio desde el piso hasta el techo con vista hacia el Océano Pacífico. Cuando caía en el sofá de mi sala luego de un día de trabajo y pasaba los canales en la televisión, el fondo titilante atrás del aparato me parecía, habiendo crecido en una pequeña casa de techo de láminas en Birmingham, Alabama, como algo salido de un sueño —ciclos de olas grandes brillando en el sol poniente y luego colapsando, espumeando a medida que sus lenguas alcanzaban la orilla. De niño, me hipnotizaban los créditos de la serie de televisión de los 60 *Hawaii Five-O*, y como un hombre de mediana edad seguía maravillado diariamente ante el hecho que la vista que poseía era completamente real. Llegué a Honolulu el año anterior, al aceptar una asignación de la facultad de la Universidad de Hawaii, y pasaba mis días trabajando como médico supervisor en la Clínica Queen Emma, una clínica de pacientes externos para personas indigentes, incluyendo muchos hawaianos nativos, conectado al Centro Médico del Queen, un hospital escuela para la universidad. Mis afiliaciones universitarias me permitían ver a pacientes más afluentes en un consultorio privado, pero mi trabajo principal, que ocupaba la mayoría de mi tiempo, era ayudar a dirigir la división de salud de mujeres de Queen Emma y supervisar el trabajo de varias docenas de residentes médicos, todos entrenando para ser ginecobstetras como yo.

La clínica estaba a diez minutos caminando cuesta abajo desde mi casa, al otro lado de una carretera y a través de un vecindario residencial, donde los jardines frontales rebosaban con orquídeas fragantes, aves del paraíso y jengibre floreciente blanco y rojo. Paraba con frecuencia en una tienda en el camino al trabajo, y recogía un musubi de Spam para comer en el camino: arroz al vapor y Spam encima enrollado en algas marinas; ocasionalmente, mientras paseaba cuesta abajo, percibía el aroma de una guayaba podrida, caída de un árbol y ahora dulce y fermentanda bajo el sol, o el olor punzante de un maracuyá. En los árboles crecían nectarinas en abundancia, prácticamente rogándome tomarlas. La diversidad botánica y culinaria de Hawái, tan diferente de donde crecí, tenía eco en la asombrosa diversidad de las mezclas étnicas, culturales y raciales de las personas llamadas hawaianas. Como afro-americano, yo era la peculiaridad. Los hawaianos tienen una palabra para las personas negras, *popolo*, y para las personas blancas, *haoli*; la mayoría de personas que habitan las islas son mestizos, y los colores café que vi cada día formaban un arcoíris –el resultado de japoneses, chinos, filipinos, blancos y hawaianos nativos entremezclándose y procreando por generaciones.

Soy de carácter extrovertido, me energiza la compañía de otros y siempre busco nuevas experiencias. Mi juventud fue definida por los deportes: fui un jardinero izquierdo bastante bueno, lo suficientemente competente como para ser reclutado durante mi último año por una universidad local para su equipo de béisbol. Ahora tengo boletos de temporada para el equipo de fútbol de la universidad, los Rainbow Warriors; para el famoso equipo de voleibol; y cuando los Lakers van a Honolulu para su retiro regular por dos semanas, frecuentemente voy a verlos jugar. Los residentes médicos en la Clínica Queen Emma eran un equipo joven, unido, feliz de juntarse y disfrutar de la compañía mutua más allá de las agotadoras horas de entrenamiento requeridas de ellos. Cuando marcamos la salida al final de un turno de doce o veinticuatro horas, grupos enteros de nosotros salíamos a cualquier bar con un rótulo en la puerta ofreciendo tragos a $2. Allí, ordenábamos jarras de cerveza y platos gigantes de *pupus*, la versión hawaiana de comida casera: chuleta de cerdo, alitas de pollo, edamame, poke, arroz frito con kimchi, calamares, salmón lomi-lomi —tal como en casa pero con un toque de Polinesia. Bromeaba a veces que las únicas personas que disfrutan encender cerdos en fuego más que la gente negra son los hawaianos, y cuando pienso en Hawai ahora, uno de mis recuerdos más fuertes es el olor a barbacoa, dulce y quemado, aromatizando el aire. Este era el paraíso, de verdad. No tenía razón para querer que terminara nunca.

Profesionalmente, estaba satisfecho también. El hombre que me animó a ir a Hawaii era un antiguo mentor mío, un endocrinólogo prominente llamado Dr. Bruce Kessel, quien fue doctor en servicio cuando estaba haciendo mi residencia en ginecobstetricia en la Universidad de Cincinnati. Durante una fase de mi vida cuando me sentí eternamente exhausto y vulnerable, trabajando turnos largos y viviendo en constante temor de cometer un error fatal, Bruce se distinguió de otros colegas con su amabilidad. Nos reconectamos muchos años después en Boston, cuando él trabajaba en el hospital Beth Israel y yo, mudándome de Cambridge para obtener un grado en salud pública de Harvard, no conocía a nadie. En Hawai, encajábamos muy bien. Junto con el Dr. Mark Hiraoka, un chico surfista hawaiano-japonés convertido en ginecobstetra, formamos una especie de equipo de ensueño para supervisar la asistencia: los residentes de Queen Emma estaban ansiosos de trabajar con nosotros.

Bruce y yo venimos de dos mundos diferentes. Él era el hijo de un doctor prominente, mientras que yo no tenía padre y experimenté de primera mano las insuficiencias del servicio de salud disponible para las personas indigentes. Comenzando de estas dos orientaciones opuestas, ambos creíamos que el sistema de servicio de salud no debería castigar a la gente pobre, tanto en términos de calidad como acceso a la atención, simplemente porque fueran pobres y ambos creíamos fervientemente en un enfoque holístico: una mujer debería ser capaz de venir a la Clínica Queen Emma y, en un solo lugar, cubrir todas sus necesidades de salud —ser tratada para la gripe y dar a luz a su bebé y vacunar a un hijo mayor sin problemas.

En un día cualquiera, los ginecobstetras de Queen Emma atendían entre veinte y cuarenta pacientes. Hacíamos de todo. Hicimos cuidado ginecológico rutinario: examen pélvico y de senos, prueba del Papanicolaou; tratamos infecciones del tracto urinario, incontinencia, infecciones vaginales; hicimos pruebas de ITS. Brindamos atención prenatal, monitoreando diabetes y preeclampsia inducida por el embarazo; realizamos partos, hacíamos cesáreas y manejamos abortos espontáneos en la medida necesaria. La Clínica Queen Emma contaba con todos los otros departamentos médicos usuales también, así que si una mujer presentaba hipertensión ante nosotros, la podríamos referir a la unidad de medicina interna; si los internistas veían una mujer con sangrado vaginal anormal, la referían a nosotros. Recetábamos pastillas de planificación familiar, insertamos DIUs, y ofrecíamos una cantidad variada de educación sexual de rutina.

Como parte de este menú de servicios, la clínica también hacía abortos. Bruce Kessel había sido capacitado en atención de abortos como materia de curso cuando era residente médico al inicio de los ochentas. Por como Bruce lo decía, los años después de Roe fueron un tiempo exuberante, y los doctores a quienes importaba, como a él, la salud pública y planificación familiar, se regocijaron ante las libertades y posibilidades que el aborto legal le prometía a las mujeres. Yo estaba en la universidad durante esos años, dedicado a mi creciente pasión por el servicio, yendo de puerta en puerta en los dormitorios, informando a mis compañeros de la universidad sobre el evangelio de Jesús, así que me es difícil imaginar un tiempo cuando los derechos del aborto eran adoptados de manera tan entusiasta por doctores individuales —un mar de cambios con como es ahora, cuando tantos de mis colegas en ginecobstetricia se reservan el defender los abortos, no digamos practicarlos ellos mismos. Pero los doctores de la generación de Kessel, especialmente aquellos que creían en la planificación familiar como una vía para salir de la pobreza, buscaron experiencia en abortos y estaban orgullosos de haberlo hecho.

Cuando era un joven médico, Bruce trabajaba en secreto en Planned Parenthood, el cual era entonces y es aún hoy en día, el proveedor más grande de servicios reproductivos de salud, incluyendo aborto y atención prenatal, en los Estados Unidos. Como jefe de atención y el experto reconocido en fertilidad y menopausia, hizo abortos él mismo y capacitó a cualquier residente interesado en cómo hacerlos. Nada de esto, debo agregar, llamó la a atención de nadie en particular. Hawái es, y era en ese entonces, un estado extremadamente liberal. Incluso hoy, Hawái no ha aprobado ninguna de las prohibiciones y restricciones que otras legislaturas estatales han impuesto para los abortos desde el inicio de los 2000s —sin periodos de espera, sin consentimiento paterno, sin reglas de consejería— y para la gran mayoría de mujeres hawaianas viviendo casi en cualquier lugar de las islas, el aborto es fácilmente accesible. En cuanto a nosotros, el aborto no suponía inconveniente. La clínica los realizaba cuando las mujeres decían que los necesitaban, a una tasa de más o menos cien al año.

***

Personalmente, yo no me interesé en ser capacitado en atención de abortos y no planeaba hacerlos en absoluto. Cuando tenía quince años, me convertí en un cristiano renacido, el resultado de estudiar la Biblia bajo el tutelaje de un joven ministro pentecostal carismático y decidido en Birmingham llamado Mike Moore. Un día soleado de 1978, pedí y recibí la unción de Jesús y la certeza de su amor por mí —una creencia que agradezco permanece fuerte hasta este día. Esta experiencia me cambió. Me dio un sentido de alegría, de posibilidad, de futuro, el cual nunca había sido capaz de contemplar antes. Pero al aumentar, mi papel como cristiano evangelizador entre mis amigos y vecinos también me ubicó en un mundo fundamentalista más amplio, definido por un sinnúmero de reglas y obligaciones, y caracterizado, a veces, por lo que luego llegué a entender como un tipo de conformidad superficial sobre lo que las personas cristianas "deberían" y "no deberían" hacer. Vivía en un mundo de certezas morales: el sexo fuera del matrimonio era pecaminoso. Las mujeres casi siempre eran las que tenían que cargar con la vergüenza pública de esa pecaminosidad. Tantas de estas reglas eran dadas por sentado en las iglesias de mi juventud, incrustadas en su retórica y principios, que aunque los datos reales de mi propia vida contaban una historia feminista —yo era el hijo de una madre soltera; la tercera base de nuestro equipo de béisbol comunitario era una chica— acepté la doble moral. Sí se me ocurría preguntarme sobre la justicia de todo el asunto, pensaba nomás que *estas chicas adolescentes no se embarazaron ellas solas*. Pero de joven, mi identidad cristiana era mucho más importante para mí que interrogar las inconsistencias de mi fe. Es así que incluso como un hombre de mediana edad, habiendo pasado más de una década educándome como ginecobstetra, y una década subsecuente de atención a las mujeres, retuve esa poderosa identidad cristiana, restringida por convencionalidad y costumbres. El aborto caía en la categoría de lo que "no debía". Consecuentemente, como doctor, me hice a mí mismo una promesa frágil. Para mantener mi compromiso profesional de cuidar de las mujeres, referiría a los pacientes que busquen abortos a doctores que pudieran brindarlos. Pero en lo que respecta a mí, continué insistiendo en que realizar abortos era malo. Yo no los haría.

En retrospectiva es difícil creerlo, pero hasta la primavera del 2002, cuando vivía dichoso en Hawái, las circunstancias de mi vida me aislaron de tener que luchar en serio, de manera profunda y comprometida, con la cuestión del aborto. De niño, el aborto no era tema de conversación. Cuando era un joven adolescente, encontrando a Jesús por primera vez, los términos políticos "pro-vida" y "pro-aborto" no existían, ni el ambiente que forzara a las personas a elegir un bando. Y aunque a través de Mike Moore, quien fue mi primer entrenador de béisbol y luego mi pastor y amigo, me extasié con la idea del amor radical e igualitario de Dios, aún no poseía las herramientas intelectuales para desempacar o interpelar el sexismo intrínseco en las Antiguas Escrituras, o para descubrir por mí mismo una visión de justicia, o de feminismo, más llena de matices. Ahora veo la Biblia como fue escrita: la palabra inspirada de Dios pero al mismo tiempo un documento histórico preservando la hegemonía histórica del hombre; comenzando con Eva, las mujeres siempre han sido atropelladas cuando les conviene a los hombres en el poder. Pero la manera en que entendí la cristiandad como una persona joven era literal, estrictamente en blanco y negro. Las iglesias en las que fui criado eran patriarcales. El padre era la cabeza de la familia, así como Jesús era la cabeza de la iglesia. Traté, como Mike me enseñó, de emular a Jesús manteniendo un estándar bíblico de la pureza sexual —y lo hice. No tuve relaciones sexuales hasta que tenía veintiuno, y entonces, contrario a otros jóvenes en mi vecindario, nunca tuve que enfrentar el miedo real de un embarazo accidental, o la ansiedad en el corazón de lo que ese embarazo significaría —no sólo para el futuro de la mujer o chica en cuestión, sino para el mío, como igual participante en la concepción. Mi vida era toda sobre servir a Dios. Habiendo elegido el cielo, no quería arriesgarme a la posibilidad de ir al infierno.

El aborto entró primero en mi visión sólo de manera abstracta, como un evento noticioso, con el auge de la Mayoría Moral, una organización cristiana muy activa y política, cuya retórica anti-aborto ayudó a elegir a Ronald Reagan en 1980. Acababa de dejar Birmingham para ir a la universidad cuando lemas como "La vida comienza en la concepción" comenzaron a ser empleados. Y mi primer esfuerzo para comprender el aborto fue también intelectual —tan lejos de las vidas reales de mujeres reales como yo lo estaba en ese entonces. En mi primer año en la universidad de Berea, en 1981, escribí un artículo sobre aborto para un curso de primer año llamado "Cuestiones Éticas y Valores"; mi profesor, quien había sido pastor católico, me sugirió el tema. En esos días, me movía casi exclusivamente en círculos cristianos fundamentalistas. Nadie que conocía hablaba de tener abortos, y no tenía la menor idea de a dónde una de mis compañeras de clase podría hacerse un aborto en el centro de Kentucky, en caso de que necesitara uno. Comprometido personalmente con la abstinencia sexual, era totalmente inconsciente a las circunstancias de la vida real que podrían llevar a una mujer a esa decisión. Así que no cuestioné la cristiandad rígida que aprendí en casa, la cual fue perpetuada por mis amigos y mentores cristianos en la escuela. Me afiancé a mi entendimiento moral de lo bueno y lo malo respecto a la santidad del sexo y el matrimonio, y la potencia de la voluntad de Dios. En mi artículo, llamé al aborto un "proceso de terminación de la vida". Como creyente en el poder sanador de la oración, esperaba que las mujeres en esta situación indeseada pudieran entrar a la toma de decisión con "mucha oración". Esperaba que Dios encontrara el camino. Sobre los fetos y su viabilidad, no tenía opinión en absoluto. De niño en Birmingham, mis amigos y yo veíamos a las vacas y perros copular. Sabíamos de dónde venían los bebés, pero nunca moralizamos sobre el proceso.

Aprendí una fe en blanco y negro, pero no soy una persona en blanco y negro. Aún en la universidad, mi amor por la ciencia comenzó a erosionar algunos de los argumentos absolutistas de mi fe. En la escuela médica de Iowa, comencé a ver cómo el aborto podría ser considerado una necesidad de atención de salud para las mujeres. Parcialmente, mi propio mundo personal se había expandido. En los años desde mi artículo de "Cuestiones Éticas y Valores", me volví sexualmente activo, y por la primera vez en mi vida tuve que lidiar con las consecuencias emocionalmente tensas de un condón roto. Mi novia entonces, una mujer ambiciosa con la mira en una residencia muy competitiva, me hizo prometer, en medio de lágrimas, que si quedaba embarazada yo apoyaría su decisión de terminar el embarazo y no pedirle completar la gestación del feto. Ella trabajó duro toda su vida y quería ser una cirujana ortopédica más que cualquier cosa. Movido por su ansiedad ante la posibilidad de que yo no fuera su apoyo emocional, y por mi propio fuerte deseo de desafiar el estereotipo del hombre negro sexualmente irresponsable (aunque nada en mi historia personal indicara que yo encajara en él), accedí fácilmente —un acuerdo que no me costó nada porque ella no quedó embarazada. Luego, en mi tercer año en la escuela de medicina, como parte de mi trabajo de curso, decidí observar abortos en mi rotación de ginecobstetra por el simple hecho de que me sentía curioso. No tuve parte en llevarlos a cabo, pero por primera vez, tomé el historial médico de las pacientes y estuve con el doctor en el cuarto donde los procedimientos ocurrían, y recuerdo entender, profundamente, que estas mujeres eran como yo. Eran mayormente estudiantes universitarias —dieciocho, diecinueve, o veinte años. Yo tenía veinticinco—. En ese momento, ellas estaban decidiendo seguir su educación en lugar de la maternidad. Sus decisiones resonaban conmigo: tenían sentido. Los absolutos morales que había aprendido en la iglesia comenzaron a mermar aún más.

Que me tomara tanto tiempo en revisar mi postura sobre el aborto es testimonio de la fuerza de mi fe cristiana, ya que las semillas para mi revolución personal se encontraban en mí desde la niñez. Pero aún después de la escuela de Medicina, cuando veía que entendía y me relacionaba con lo que sentían las mujeres que buscaban abortos, y aún en Hawai, donde la actitud alrededor del aborto era relativamente relajada, siempre me rehusé a hacerlos yo mismos. Parte de esto fue por circunstancia. En la universidad de Cincinnati, donde hice mi residencia, la atención para abortos no se ofrecía como parte del programa, y el hospital de la universidad no realizaba abortos abiertamente. El primer bombardeo en una clínica de aborto después de Roe ocurrió en Cincinnati en 1978, y pienso que dado que el hospital se ubicaba en una ciudad republicana y conservadora, su administración decidió no dar la batalla. De esta manera aunque estaba siendo capacitado para brindar atención de salud para mujeres, sólo observé un aborto siendo realizado durante todo el tiempo que estuve allí: mi doctor principal, Dr. Paula Hillar, quien desde entonces se ha convertido en una amiga, hizo discretamente un procedimiento de catorce semanas en la sala de operaciones y me invitó a observar. Como un doctor joven era fácil para mí decir que no haría abortos, pero el hecho es que no podía hacerlos. No sabía cómo.

Después, cuando trabajé como ginecobstetra en práctica general en un centro de salud comunitario de la ciudad de Merced, California, una ciudad con poca atención médica, las circunstancias conspiraron de nuevo para protegerme de los conflictos que surgían en mi propia consciencia. No había servicios de aborto a ochenta kilómetros de la clínica de mujeres del Centro de Salud Golden Valley, entonces cada paciente que buscaba aborto tenía que ser referida a otro lugar. Durante casi todo el tiempo en que practiqué la ginecobstetricia allí, tuve el lujo de aferrarme a mi moral cristiana no examinada, no desafiada por la circunstancia. Pude decirme a mí mismo que estaba haciendo un buen trabajo, ayudando a las mujeres pobres a parir bebés saludables, brindando planificación familiar a adolescentes y trabajando en contra de la violencia doméstica. Pero sobre el asunto del aborto, continuaba absolviéndome de tener que tomar responsabilidad por mi propia inacción, señalando las autoridades o circunstancias o leyes que me impedían hacer la batalla conmigo miso. No era pro-vida. Creía en el derecho de elegir de una mujer. Pero era cómplice con las fuerzas anti-aborto al no situarme en la línea frontal.

***

En marzo de ese año en Hawai, sin embargo, la línea que había dibujado se hacía más y más difícil de defender. La junta de la Clínica Queen Emma recientemente había contratado un nuevo jefe administrativo, un hombre que aquí llamaré Dr. Sweet. Él era una hermosa persona, nacido y criado en Hawai, de porte gentil y no confrontativo, y sabía que era un cristiano creyente de la biblia, como yo. Él comenzó su cargo como una oveja, comedido, pero sus intenciones pronto fueron súbitamente aclaradas. Meses luego de su llegada, Dr. Sweet hizo saber que la Clínica Queen Emma cesaría de brindar servicios de abortos a sus pacientes. Su posición era, en mi opinión —en ese entonces y ahora— mal concebida.

Era el inicio de la era de George W. Bush, y los sentimientos anti-aborto estaban en un punto álgido. El Dr. Sweet dijo que si continuábamos ofreciendo servicios de aborto a pacientes, nuestro dinero del Título X –fondos federales que apoyaban las necesidades de planificación familiar de personas pobres, incluyendo aborto— estaría en riesgo. Esto no era cierto. Las clínicas de planificación familiar que recibían subvenciones del Título X simplemente debían tener prácticas de contabilidad rigurosas para mostrar un flujo de fondos por separado para sus servicios de aborto. (Las clínicas de Planned Parenthood siguen recibiendo dinero del Título X; sólo que éstas no pueden usarlo para apoyar su práctica de abortos). Pero el Dr. Sweet había sido criado en iglesias cristianas fundamentalistas, como yo, y ahora era blanco del diligente activismo político por fuerzas anti-aborto que le decían, desde el púlpito, y en televisión y radio cristiana, que "el aborto es matar". Sweet no era fanático, sino un hombre amable de pensamiento tradicional sin inclinación a cuestionar las autoridades religiosas en su vida, una persona que espera más que nada descargar sus deberes profesionales dentro del contexto de su fe cristiana. Los voceros prominentes de su fe le decían que el aborto era maligno, y, en mi opinión, él eligió creerles. Yo entendí este dilema –nadie lo entendía mejor que yo- pero estaba en vehemente desacuerdo con su decisión. De hecho, me sorprendió qué tan rápido explotó la indignación en mí. Este era un hospital público de población indigente. Yo creía, basándome en largos años en el campo de la salud pública, que los servicios que ofrecíamos deberían sustentarse en las necesidades de nuestros pacientes y no sujetos a las creencias religiosas del doctor.

La disposición del Dr. Sweet coincidió con un momento de cambios dramáticos en cómo los activistas anti-aborto libraban su guerra en contra de los derechos de aborto. Los 1990s habían sido caracterizados por violencia y odio: amenazas, bombardeos, asesinatos de empleados de las clínicas, y protestas masivas en la Corte Suprema y, más ampliamente, en los corazones y las mentes del público. Como residente médico había estado consciente de esta guerra —la clínica de Planificación Familiar en Cincinnati había sido bombardeada en diciembre de 1985, cinco años antes de mi llegada allí, y el doctor de abortos David Gunn fue asesinado en Florida en mi último año de entrenamiento— pero hasta la intervención del Dr. Sweet, pensé en la batalla como algo que se peleaba "allá afuera". En parte debido a que los ginecobstetras son capacitados para concentrarse en la obstetricia, le prestaba más atención a realizar partos. Y parcialmente, no me sentía presionado a luchar contra mis propias incertidumbres sobre el aborto porque no había tenido necesidad. Aquí, en Hawái, el aborto era tan disponible, tan accesible, que nadie contaba conmigo para tomar un bando.

Pero tal y como la decisión de Sweet demostró, las condiciones estaban cambiando. En lugar de enfocar sus esfuerzos en revertir Roe, los anti-aborto comenzaron a debilitar sigilosamente el acceso al aborto a nivel local y estatal, argumentando que los fetos tenían "derechos" iguales a niños en un jardín infantil aprendiendo a atar los cordones de sus zapatos. De la noche a la mañana —y más o menos al mismo tiempo en que el Dr. Sweet hacía su ataque a los abortos en la Clínica Queen Emma— parecía que los anti-aborto habían cambiado magistralmente los términos del debate, convirtiendo la virulencia de décadas anteriores en algo similar a una virtud cívica. La guerra contra el aborto comenzó a ser librada en términos de "derechos humanos". Las mujeres vivas y respirando que cargaban esos fetos en el útero fueron consideradas menos que humanos —ya sea como criminales, por un lado, o mentalmente incompetentes por el otro— y por lo tanto que no tenían ningún derecho en absoluto. No pasó desapercibido para mí, un hombre afroamericano de Birmingham, Alabama, descendiente de esclavos, que la nueva legislación dirigida a decirles a las mujeres lo que pueden o no hacer con sus propios cuerpos físicos era muy parecido a los hombres siendo dueños del cuerpo de las mujeres. Era Eva siendo atropellada, como siempre, una vez más.

Al escuchar del cambio inminente en la clínica de Queen, seis mujeres residentes cuyo entrenamiento yo supervisaba decidieron rebelarse. Eludirían la decisión de Sweet creando una pequeña práctica de abortos en otro hospital al otro lado de la ciudad. Bajo su plan, las pacientes que llegaran a Queen Emma buscando abortos serían referidas a su práctica (entre otras), donde Sweet no tenía jurisdicción. Su determinación, y su rápida movida en acción, me llenaron de asombro. La vida de una residente médica no es fácil.

Estás de guardia cada tres noches, y generalmente exhausta. Estas mujeres pudieron haber sido mucho más pasivas, complices. Luego del trabajo, pudieron haber contemplado las orquídeas floreciendo en sus propios jardines y sus tablas de surf esperando en sus patios traseros y pensar, *Estoy en un gran programa de residencias en un hospital de enseñanza genial y estoy trabajando hasta el tuétano.* Déjenme tomar un descanso. Pero no lo hicieron. Tomaron trabajo extra a favor de las mujeres que querían servir. Así que cuando me preguntaron, como su consejero de facultad, si le prestaría apoyo a su nueva iniciativa, dije con entusiasmo que sí. Sin pensarlo, tomé una postura.

Por separado, Bruce Kessel y yo explorábamos soluciones dentro de la administración del hospital. Esto era un abuso de autoridad, pensamos, y violaba nuestros principios. ¿Cómo podríamos decir conscientemente que atendíamos todos los aspectos de la salud de una mujer si fallábamos al brindar este crucial servicio? ¿Cómo podríamos decir razonablemente que nuestra atención a mujeres pobres era indiscriminado? Acudimos con nuestro jefe, Dr. Richard Friedman. ¿El Dr. Sweet podía hacer esto? Preguntamos. El Dr. Friedman dijo que sí, él podía. Dr. Sweet estaba dentro de su derecho de cancelar el servicio. El único compromiso que pudimos obtener era este: podíamos realizar abortos en nuestra práctica privada, la cual no estaba bajo la jurisdicción de la Clínica Queen Emma. Esta era una pequeña concesión, y sin valor: las mujeres pobres que venían a Queen no tenían seguro y no podían pagar de sus bolsillos los servicios de un médico privado.

Ya no podía aplazar mi involucramiento ético. Creía que el Dr. Sweet cambiaba las reglas usando su poder como privilegio, y luego presentando el cambio bajo el disfraz de una conducción responsable y visionaria. Bruce y yo sentimos que nuestros pacientes tenían el derecho al aborto si lo deseaban —y habían estado recibiendo atención de aborto, sin controversia o comentario, por treinta años. Queen Emma representaba un ideal de atención integral a las mujeres que vivía en miseria. No me di cuenta qué tan ideal era hasta que miré cómo sufrirían bajo este cambio. Ellas estaban en la Clínica Queen Emma porque no tenían ningún otro lugar adónde ir. Para mí, no era aceptable negarles un procedimiento legal y seguro. No era lo correcto.

En retrospectiva, ya había postergado este momento por demasiado tiempo. Me negué a realizar abortos por lealtad con mi identidad cristiana, pero había evolucionado bastante desde mi conversión cristiana, y otras identidades habían crecido a su lado hace tiempo. A los cuarenta y uno, era cristiano, sí, pero también era doctor, brindando salud a mujeres pobres, era un hombre que ama a las mujeres —en relación de pareja, amistad, en el trabajo, y en mi familia—. No hacía abortos, pero había visto suficientes pacientes a lo largo de más de doce años como ginecobstetra y me había acercado a suficientes mujeres en mi vida como para saber que mujeres de todo tipo a veces se encontraban embarazadas e incapaces de criar un hijo. A veces estas instancias son tan impresionantes que es imposible no ver el aborto como una solución paliativa al dolor psíquico. Antes de trabajar en Hawái, trabajé por tres años como doctor del gobierno en Merced, donde había una carencia de atención médica, y un día, una mujer joven, de dieciocho o diecinueve años, vino a mi oficina. Estaba sola, habiendo conducido a la clínica desde su casa a más de treinta kilómetros. Esta mujer estaba embarazada como resultado de incesto por su padre, un hombre muy controlador, autoritario —y religioso—. Ella era latina, de una familia de trabajadores migrantes, criada en una comunidad definida por la jerarquía patriarcal. Debido a que no era menor o dependiente, no tenía un deber legal de reportar esta situación trágica, y sabía lo suficiente de su contexto cultural para comprender que involucrar la fuerza de la ley sin su consentimiento convertiría las circunstancias diarias de esta mujer en algo aún peor. De manera extrema, esta mujer hacía lo que se esperaba de ella, lo cual era vivir en la casa de su padre hasta mudarse, finalmente, a la casa de su esposo. A la luz de estos hechos, su valentía —venir hasta mí ella sola, buscando mi ayuda— me pareció extraordinaria. La referí a la clínica más cercana que pude, la cual estaba a unos ochenta kilómetros de distancia, pero recuerdo pensar que si hubiera tenido las habilidades para hacer su aborto, lo hubiera hecho allí mismo en ese momento.

***

Esta tarde en Hawái, luego de saber que la resolución del Dr. Sweet era final, caminé a casa desde la clínica, molesto y ciego ante toda la gloria usual a mi alrededor. Furioso y frustrado, tomé el elevador al catorceavo piso, me cambié el uniforme y me puse bermudas, cambiando sin pensar los canales del televisor. Mi inseguridad dio un giro en sí misma. Pensaba en mis residentes médicos, los doctores jóvenes que ya estaban tramando un plan para brindar atención de abortos en otro hospital a una distancia caminable desde mi condominio. Me inspiraron. Miré su resistencia como justa, revolucionaria. ¿Cómo podría igualar su claridad de propósito? ¿Cómo podría reconciliar mi compromiso con la fe cristiana y lo que veía como un abuso arbitrario de poder, la definición misma de injusticia? Hacía tiempo tenía el hábito de escuchar audiolibros para calmarme —disfrutaba escuchar al monje Trapense Thomas Merton sobre oración contemplativa; las reflexiones del novelista de Kentucky Wendell Berry sobre la interconexión de la vida; y al popular teólogo cristiano C. S. Lewis. Recientemente estaba avanzando en unos sermones del mismísimo Dr. King. Hace mucho encontré confort e inspiración en sus palabras, y en esa noche acudí a él.

Podría decirse que el Dr. King era mi santo personal; fue, en el 2003, y lo es hoy, el mentor de mi consciencia y su guía. De joven, el Dr. King aspiró a ser doctor, y cuando yo mismo elegía mi camino, fue la convicción del Dr. King, articulada en su libro de 1963 *Fuerza para Amar*, que me persuadió de que una vida devota a la ciencia no representaba contradicción con mi fuerte fe cristiana. "La ciencia le da al hombre conocimiento, que es poder," escribió. "La religión le da al hombre sabiduría, que es control. Las dos no son enemigas." No sería una exageración decir que con palabras que el Dr. King escribió cuando yo tenía sólo un año, fui convencido de que mis mayores intereses, la ciencia y la religión, no tenían conflicto.

El Dr. King me había bendecido mucho antes de crecer o de reconocer mi propia ambición. Aunque no lo sabía en ese entonces, crecí en el epicentro del movimiento de derechos civiles, en un vecindario segregado en Birmingham, y había ido, hasta el tercer grado, a una escuela segregada. Carlton Reese, quien compuso muchas de las canciones que marcaron el movimiento como un producto local de la iglesia afroamericana, creció a dos puertas de mi cada, y el Dr. King escribió algunas de las palabras más resonantes e indelebles de la campaña por los derechos civiles desde una cárcel a menos de dieciséis kilómetros de donde crecí: "La injusticia en cualquier lado es una amenaza a la justicia en todos lados."

Yo era en esencia el niño que él esperaba salvar de discriminación racial. Era el joven por cuyo futuro él estaba marchando. Estaba en el jardín de niños cuando fue asesinado en el balcón del Hotel Lorraine en Memphis, Tennessee, y recuerdo ese día a los adultos alterados al respecto en el parvulario de la iglesia: "¡Mataron al Dr. King! ¡Mataron al Dr. King!" En ese entonces, recibíamos nuestras noticias en programas de radio afroamericanas (no había programación para gente negra en televisión), y recuerdo al día siguiente oír por la radio que dejáramos las luces de sus porches delanteros encendidas en solidaridad y conmemoración, una alusión a las instrucciones que Dios le dio a los israelitas en el *Éxodo* antes de infligir la última y final plaga sobre los egipcios: *Marquen sus puertas frontales con sangre de cordero y pasaré por alto sus casas y perdonaré la vida de sus hijos.* Luchábamos para pagar la factura eléctrica, y no podía creer que las luces de los porches de la gente estaban encendidas durante el día. Aun cuando muchos de mis vecinos trabajaban muy duro, demasiado absorbidos en el trabajo pesado de sus vidas diarias, y fundamentalmente demasiado cautelosos como para unirse a la revolución del Dr. King, nosotros éramos, en un sentido muy real, sus hijos. Él era nuestro Moisés —arrebatado de nosotros en el auge de su vida sin ver la tierra prometida.

Mi colección de cintas de audio tenía, de casualidad, "Fui a la Cima de la Montaña" en cola ese día, el sermón final del Dr. King, el cual había escuchado docenas, quizá centenares de veces. Podría citar de memoria secciones enteras de él, palabra por palabra. "Dado que cuando las personas se ocupan de lo que es correcto están dispuestos a sacrificarse por ello", dijo él, "no hay puntos de parada hasta la victoria." Esa tarde, sin embargo, al lidiar con el hecho de que a ciertas mujeres se les negaban los servicios de salud que buscaban por la idea de alguien más de lo que ellas deberían hacer, escuché el sermón con nuevos oídos. Al acercarse a las últimas líneas apasionadas del discurso —"Levantémonos esta noche con mayor disposición"— el Dr. King recuenta una historia de los evangelios, una que todo cristiano conoce de corazón, una que a mí mismo me fue enseñada en la escuela dominical.

En la historia del Buen Samaritano, un hombre se encuentra

postrado, herido y desamparado, en el Camino de Jericó, habiendo sufrido una paliza: Él "cayó con ladrones", como lo puso el Dr. King. Dos hombres, un pastor y un levita (el primero obligado a ayudar a otros por vocación y el segundo se presume tiene una afiliación tribal o familiar con la víctima), evitan al hombre, dejándolo tirado en el camino. Finalmente, un Buen Samaritano —un hombre sin un motivo de fuerza para brindar asistencia— "desmontó su bestia, decidió no ser compasivo por obligación", como dijo Dr. King. El samaritano proporcionó primeros auxilios, y ayudó al hombre necesitado". De los tres, sólo el samaritano fue bueno, dijo Jesús.

Cerré mis ojos al tiempo que las palabras del Dr. King comenzaban a llenar mi corazón. En su sermón, Dr. King especula, casi a modo de burla, las razones que los primeros dos pudieran haber tenido para evitar un hombre herido y desesperado como el viajero. Tal vez estaban frenéticamente ocupados o tarde para una reunión de la iglesia. O tal vez seguían un edicto religioso que requiere que los pastores y levitas no se contaminen tocando otro cuerpo humano previo a un ritual religioso. O tal vez eran devotos de un tipo de asistencia cívica diferente y más amplia —tal vez se unieron a un comité para mejorar la seguridad de los viajeros—, "una Asociación de Mejoramiento del Camino de Jericó", como dijo el Dr. King. "Tal vez sintieron que era mejor tratar el problema desde su raíz causal, que estancarse con un efecto individual."

Al bajar el sol afuera de mi apartamento en el penthouse, las ondulaciones de la voz del Dr. King me apaciguaban. Y luego llegó a su punto. "Es posible que esos hombres tenían miedo", dijo. El camino de Jericó era un lugar peligroso, y en el tiempo de Jesús, repleto de asaltantes. Es posible que, como sugiere el Dr. King, el pastor y el Levita estuvieran preocupados, ante todo, sobre su propio pellejo y no querían llamar atención no deseada o peligro hacia sí mismos desmontando sus animales o permaneciendo cerca de una persona discapacitada por la circunstancia. "O es posible que sintieron que el hombre en el suelo sólo estaba fingiendo," parte de una trama para atraer viajeros ingenuos de corazón blando hacia una embestida. El pastor y el levita evitaron al hombre porque su primer pensamiento, sugirió el Dr. King, era miedo por sí mismos: "Si me detengo a ayudar a este hombre; ¿Qué me sucederá?" Lo que hizo al Buen Samaritano bueno, en la interpretación del Dr. King, era revertir la pregunta. "Si no me detengo a ayudar a este hombre: ¿Qué le sucederá a él?

Fue un puñetazo, de una vez, en mi estómago espiritual. La Escritura cobró vida y me habló. Para el samaritano, la persona en necesidad era un viajero caído. Para mí, era una mujer embarazada. La tierra giró, y con ella, esta pregunta se puso de cabeza. Dejó de ser: ¿Es correcto para mí, como cristiano, realizar abortos? Sino: ¿Es correcto para mí, como cristiano, negarme a hacerlos? Y en ese instante, entendí que, como el levita y el pastor, yo había tenido miedo —miedo de lo que podrían pensar mis hermanos y hermanas cristianas de mí, de lo que mis pastores y familiares en Birmingham podrían decir, o cuáles podrían ser las consecuencias sociales o políticas de adoptar por completo la causa del aborto. Había estado preocupado, a decir verdad, sobre manchar mi reputación profesional. Ya estaba denunciando la violencia doméstica y abuso sexual. ¿No era acaso suficiente? Mi amor por mi situación cómoda estaba luchando por sobrevivir en contra de mi consciencia —y mi consciencia prevaleció—. Erré por cautela durante mucho tiempo —como lo hice cuando, en mi último año de universidad, desistí de unirme a una protesta a nivel universitario en contra de las inversiones de la institución en Sudáfrica, temeroso de que alguien pudiera desarrollar una opinión negativa sobre mí y arruinar mi oportunidad de ir a la escuela de medicina, una objeción de la que me arrepiento profundamente hasta el día de hoy. Ahora veo, sin duda o miedo o ambivalencia, que era apropiado, inclusive ético, para mí el brindar esta atención. Más aún: que habiendo entendido esto, sería inapropiado, incluso cobarde, que me sentara contento mientras otros hacían el trabajo.

Desde ese momento, no brindar abortos y no vivir bajo mis convicciones hubiera sido un destino peor que la muerte. Una vez que entendí que el enfoque desde la fe hacia una mujer en necesidad es ayudarla y no juzgarla ni imponer sobre ella ninguna restricción, penalidad o culpa, tenía que cambiar mi vida. Las palabras del sobreviviente del holocausto y activista de la paz Elie Weisel resonaron dentro de mí. "Nuestras vidas", dijo, "ya no nos pertenecen a nosotros. Le pertenecen a aquellos que nos necesitan desesperadamente."

Al día siguiente fui con Bruce Kessel y le dije que quería aprender a hacer abortos. Dentro de dos años estaba fuera de Hawái, capacitándome a tiempo completo en atención para abortos, y comprometido en mi esfuerzo, el cual continua hasta este día, de ser fiel a la idea del Dr. King de la justicia. No recuerdo sentir una onza de remordimiento o tristeza sobre mi decisión —sólo arrepentimiento de que ésta no haya llegado antes. Ese día, decidí ejercer la compasión cristiana no sólo por delegación sino que también con mis dos manos capaces.

CAPÍTULO 2

La Gracia de Dios

Crecí en una comunidad llamada Wylam, en un vecindario que en aquel entonces se llamaba Número 8 —una colección de chozas ordenadas en cuadrícula sobre la cima de una pequeña colina. Número 8 era una comunidad residencial de viviendas de trabajadores, creada por la Compañía de Ferrocarril, Hierro y Carbón de Tennessee en el condado de Jefferson, Alabama, al inicio del siglo veinte para acomodar a los mineros de carbón afroamericanos que trabajaban —a veces por unos centavos, y a veces, si eran reclutas, a cambio de nada— en túneles a decenas de metros bajo tierra. Técnicamente estos mineros no eran esclavos, pero su estatus y términos de empleos casi encajaban con la definición de la palabra. Las minas estaban cerradas para el tiempo en que nací, pero Wylam aún daba la sensación de un pueblo minero. Todos a quienes conocía eran descendientes de alguien que había trabajado en las minas (muchos hombres en el vecindario aún trabajaban en minas aledañas), y todos, excepto las personas dueñas de la tienda y que vivían que una calle que llamábamos "los cuarteles de los blancos", eran negros. Mi abuelo, Allen Parker Sr., había sido minero de carbón, pero para cuando le conocí estaba retirado y ya viejo —un hombre de color caramelo alto y sereno de setenta, delgado pero invencible en mi mente de seis años. Lo amaba con todo mi corazón. Cuando era muy pequeño era mi cuidador principal, se hacía cargo de mí mientas mi madre trabajaba y pasaba largos días con él caminando en el campo y pepenando bultos de basura temprano por las mañanas, buscando tesoros que llevar a casa — una silla que necesitaba un retoque, una lavadora el motor roto— y veíamos telenovelas por las tardes. Él les llamaba "las historias": *Hospital General, Una Vida que Dar,* y *El Filo de la Noche.* Mi abuelo amaba las historias y amaba los dulces —pasteles, pudín de banana, y especialmente, sodas saborizadas de fruta.

"Muchacho", me decía cuando tenía ocho o nueve años, "ve a traerme una Coca-Cola".

"¿De qué sabor?" le preguntaba.

"De uva", me contestaba. Cuando regresaba con la soda, le pediría "guardarme la botella", con lo cual él sabía que yo me refería a un sorbo al fondo, y él siempre lo hacía.

Mi abuelo era dueño de su casa, un pequeño hogar de madera con un porche frontal cerca de la cima de la colina, y hasta que tenía once años, mis tres hermanos mayores —Juanita, Mary y Fred— vivieron a tiempo completo con él. Oficialmente yo vivía en una casa más pequeña con mi madre, Jackie Parker; su esposo, George Lambert; y, eventualmente, mi hermana menor, Earnestine. Pero era mi abuelo el responsable de mí cuando mi madre trabajaba como empleada doméstica "al otro lado de la montaña", como solíamos llamar al suburbio donde la gente blanca vivía. El padre de la familia para la cual trabajaba era un dentista a quien llamábamos Mr. Sammy. La madre era Miss Pat. Y porque nunca tuvimos un carro, Mr. Sammy pasaba por nuestra casa en su Mustang rojo cada mañana para llevar a mi madre a trabajar. Yo subía atrás, y Mr. Sammy me dejaba en la casa de mi abuelo antes de que continuaran a su casa. Mr. Sammy y Miss Pat tenían un hijo llamado Lance, que tenía más o menos mi edad. A veces Lance estaba en el asiento trasero también, y yo entendí que mi madre pasaba sus días cuidando a Lance en lugar de a mí. Mr. Sammy era amable, a su manera. Mi madre tenía mala dentadura, relacionada a la pobreza y falta de cuidado dental regular, y a un hábito incesante de fumar, y en algún momento el Dr. Sammy decidió colocarle prótesis y le sacó todos los dientes. Pero la prótesis nunca encajó bien, y mi madre nunca la usó; en mis recuerdos de ella, nunca tiene dientes. Por el resto de su corta vida —murió a los cuarenta— mi madre masticó toda su comida con las encías, que eran duras como acero. Una vez me burlé de ella cariñosamente por no tener dientes y me pidió poner mi dedo en su boca. Lo aprisionó bruscamente como una tortuga mordiendo y aclaró su punto de vista.

Nací el 18 de octubre de 1962, y soy el cuarto de los seis hijos de mi madre. Earnestine nació cuatro años después que yo, en 1966, y Steven, el bebé, en 1971. Cada uno de nosotros tenía un padre diferente, yo nunca conocí al mío, de nombre o cara. Mi apellido,

Parker, es el nombre de soltera de mi madre y puede ser rastreado hasta mi tatarabuelo Tom, un esclavo que según cuenta la leyenda familiar, vivió hasta los ciento cinco años y descendió desde Sylacauga, Alabama, un pueblo rural a medio camino entre Montgomery y Birmingham. Parker era sin duda el nombre del dueño del esclavo. Tal vez algunos Parker aún viven por Sylacauga, pero nunca los he buscado. A veces me refiero a mí mismo, medio en broma, como "un muchacho de color de Birmingham", porque eso es lo que dice mi certificado de nacimiento. De acuerdo a ese documento oficial, mi sexo al nacer era varón, la raza de mi madre era "de color", y el espacio para el nombre del padre estaba en blanco.

George Lamber era el padre de Earnestine, y hasta el día que él y mi madre se separaron, asumí en la manera irreflexiva de un niño que él era mi padre también. Él era lo suficientemente bueno conmigo, aunque bebedor, un obrero que pedía adelantado de su salario y nunca fue capaz de satisfacer nuestras necesidades materiales. Él y mi madre casi nunca peleaban —pero cuando lo hacían, peleaban por mí. Una tarde de fin de semana cuando tenía seis o siete años, Papi George estaba a cargo de cuidarme cuando mi madre estaba trabajando. Recuerdo que tenía hambre y decidí que mientras él dormía la borrachera, me cocinaría un huevo. Debido a que no teníamos electricidad en la casa, cocinábamos nuestra comida en una estufa de leña que teníamos que encender con un cerillo. Cuando mi madre regreso a casa del trabajo esa noche, tuvieron una gran pelea, mi madre acusando a Papi George de ser negligente. "¡Pudo haber quemado la casa!" decía ella. Llevaron su argumento al porche de enfrente, y cuando, en su furia protectora, mi fuerte y alta madre empujó a Papi, él cayó del porche y se quebró el brazo. Pocos años después, cuando tenía once, mi madre y el único padre que conocí se separaron. Nosotros —Mamá, Earnestine, Steve de dos años, y yo— nos mudamos todos con mi abuelo. Yo tenía que compartir una cama con mi abuelo y mi hermano Fred, pero hasta que conseguimos camarotes, preferí dormir en el piso.

Las cebras bebés pueden correr a toda velocidad una hora después de haber nacido, porque si no lo hacen, están muertas. Éramos como cebras, tan pobres que no sabíamos qué tan pobres éramos, y fuertes e independientes porque no había ninguna otra manera de ser. Nadie en mi familia había ido a la universidad. Nadie hacía nada —o se esperaba que hiciera algo— más que trabajo servil y físico. Usábamos cupones de comida para obtener nuestra alimentación, Medicaid para pagar por las cuentas de salud que teníamos, y éramos bendecidos con refugio porque el Abuelito era dueño de nuestra casa. Mi abuelo murió en 1974, y pronto mi madre tuvo que dejar de trabajar debido a su salud. Tenía lo que llamaba "malos nervios" —oficialmente diagnosticado como depresión maníaca. Dos veces tuvo que ser hospitalizada por episodios psicóticos, pero fue capaz de controlar su salud mental con atención externa regular; como luego supe en la escuela de medicina, la frecuencia y severidad de sus ataques disminuyeron a medida que ella orbitaba hacia la estabilidad. También tenía hipertensión severa y enfermedad vascular periférica temprana, conocida en términos de layman como endurecimiento de las arterias: cuando estaba en mi primer año de secundaria, su pierna izquierda fue amputada. Con mi madre sin trabajo, no teníamos ningún ingreso en lo absoluto. Vivíamos de sus beneficios de discapacidad, algunos beneficios del Seguro Social de Papi George (él y mi madre nunca se divorciaron legalmente), y lo que sea que el resto de nosotros éramos capaces de reunir. Apenas era suficiente. Un año, mi madre arregló que yo viviera con mi hermana Juanita, que se había mudado con su esposo a un duro proyecto de vivienda llamado La Ladrillera —estaba mucho más cerca de la escuela que la casa de mi abuelo, y muy a menudo no teníamos el pasaje del bus de ida y vuelta, aunque sólo era treinta centavos en cada dirección.

Sin embargo, a pesar de eso no era infeliz. No teníamos percepción objetiva de nuestra propia pobreza porque no teníamos nada con qué compararla. La mayoría de nuestros vecinos eran pobres o de clase trabajadora. Nunca dudamos del amor de nuestra madre hacia nosotros, y vimos cuánto se sacrificaba para darnos todo lo que podía. Éramos una familia, y nos cuidábamos unos a otros lo mejor que podíamos. Mi abuelo tenía un árbol de ciruelas atrás de su casa, y un pequeño jardín donde plantaba pimientos, hojas, habichuelas, repollo, tomate, maíz, fresas, uvas, y una fila de caña de azúcar, cuyo sabor crudo no me gustaba. Más abajo en la colina, en un pedazo de tierra, teníamos un corral donde criábamos cerdos. Uno de mis trabajos era enlodar los cerdos después de la cena, un trabajo que odiaba porque la pala de lodo era pesada y los cerdos apestaban. Aun así, el científico retoñando en mí se intrigaba por su comportamiento. (Abuelito siempre me advertía de tener cuidado o los cerdos me comerían: debía de enlodarlos y regresar inmediatamente). Una vez al año él y los demás hombres del vecindario mataban un cerdo, golpeándolo primero en la cabeza con una almádana y luego disparándole en el cerebro con un rifle. Nos comíamos ese cerdo "de pie a cabeza", como decíamos en broma.

Número 8 era una aldea. Todos se conocían entre sí. Debajo de nuestra calle vivía Miss Ceola, que vendía paletas que hacía en su congelador a niños del vecindario a cinco centavos cada una. Los llamábamos "beebop". Al lado vivía Miss Edna y su hija, Arlene, seis años mayor que yo, quien me enseñó cómo andar en bicicleta subiéndome al asiento y dejándome manejar y pedalear mientras ella controlaba el balance. Todas las madres eran feroces con sus propios hijos, y en acuerdo tácito colectivo, feroces con los hijos de los demás también. Nadie se atrevía a molestar al perro de la vecina, porque si lo hacía, la vecina le azotaría —y luego le llevaría a casa de su madre, quien le azotaría de nuevo—. No existía la doble incriminación en mi vecindario. Mi propia madre nunca dudó en usar el castigo corporal con nosotros —más a menudo con una cuerda, pero a veces con fajas o zapatos. Mi hermano Fred aún se ríe cuando recuerda esa sandalia, un artículo tan inocuo y común en el hogar, pero inolvidable cuando mi madre se enfadaba.

Recuerdo una vez, cuando tenía como catorce años, que mi madre me pidió rastrillar el jardín. Un vecino llamado Mr. Pat estaba sentado en su porche superior, justo arriba de la calle, viéndonos a no más de seis metros. Y —nunca pude descifrar qué me llevó a hacerlo— le respondí a mi madre de alguna manera insolente. Dije algo como "Dije que lo haría y lo haré". Y Mr. Pat miró a mi madre, como diciendo ¿Qué vas a hacer al respecto? Y mi madre miró a Mr. Pat y a mí. Y luego yo miré a Mr. Pat y a mi madre. Y luego mi madre me agarró. Me estrelló en el porche y puso su rodilla sobre mi pecho. Dijo, "Con todo lo que paso para alimentarte, con todo lo que me quito y te lo doy a ti. ¿Y me vas a hablar de esa manera? Negro, te mato". Percibí todo el amor en su uso de esa palabra y nada del calificativo. Debe de haber un manual con frases que todas las madres negras tienen. Y una de ellas es "Yo te traje y te puedo eliminar". Hirió mis sentimientos que mi madre dijera que me mataría. Lo hizo. Pero no me arraigué a ese dolor ni persistió. Nunca sentí que mi madre fuera excesivamente dura, porque entendía que no había nada que ella no hiciera por mí.

***

A pesar de que nuestras vidas estaban definidas y restringidas por nuestros propios medios limitados, crecí con un sentido poderoso y constante de que era diferente. En parte, esto se debe a que parecía ser frágil. Ahora soy un hombre grande, de uno ochenta metros y 250 libras —tamaño de ex-defensor de línea— pero de niño era pequeño, flaco y delicado, y tardío en cruzar el umbral de la pubertad. En la clínica para pobres donde veíamos al doctor, un nutricionista una vez le dijo a mi madre que yo tenía peso insuficiente y recomendó que me diera cereal de arroz en el desayuno, fortificado con azúcar, mantequilla y leche condensada. Lo amaba: ¡Pudín de arroz de desayuno! Aunque era pequeño, era lo suficientemente listo como para evadir a los brabucones en la escuela. En casa, era menos exitoso. Peleaba constantemente con mi hermano Fred, que parece una versión tamaño grande de mí, y me arrojaba como un trapo o una pelota. A ambos nos castigaban por pelear, pero Fred enfadaba a nuestra madre más a menudo, y ella usualmente tomaba mi lado.

También, fui asmático desde temprana edad, a veces jadeando y tosiendo hasta que apenas podía respirar. Esta condición cesó a medida que crecía, permitiéndome practicar deportes como adolescente, y mi madre estaba vigilante de mi condición. Administró teofilina cuando lo necesitaba, y buscaba remedios caseros cuando podía: una prima mayor paraba por la casa para darme una hierba seca que fumar. Lo desenterraba del bosque, y lo llamábamos "tabaco de conejo". Ahora entiendo que tenía efectos broncodilatadores naturales. A pesar de estos remedios caseros, los ataques de asma a veces eran tan severos que mi madre y yo a menudo nos encontrábamos rumbo al cuarto de emergencia del Hospital Infantil para que pudieran inyectarme epinefrina en el hombro. Los doctores blancos eran amables y pacientes, ya que frecuentemente necesitaba repetidas inyecciones intramusculares para que el jadeo cediera, y mi mayor recuerdo de esas visitas al hospital es que me daban Coca-Colas. Ahora sé que el asma afecta desproporcionadamente a los niños que viven en pobreza, residiendo como yo en lugares donde la calidad del aire es mala. Vivíamos a menos de cien metros de vertederos de escoria generadas por la U.S. Steel —pilas gigantes de grava derivadas de la producción de acero—. Y en ciertas estaciones, la casa de mi abuelo se llenaba de cucarachas y ratones, los que saldrían de detrás de las paredes mientras dormíamos. Una noche cuando estaba en secundaria y despierto hasta tarde, viendo televisión y hablando por teléfono, atrapé catorce ratones en trampas con cebos de tocino y mantequilla de maní, uno tras otro.

Yo recibía atención extra de los adultos en mi mundo porque era percibido como alguien inteligente. Siendo un lector desde temprana edad, pasaba largos ratos por las tardes en la casa de la vecina, devorando su enorme colección de cómics. Siempre leía un grado más arriba, desde primero, y en el tercer grado la maestra, Miss Orton, nos dio a mí y a otro niño asignaturas avanzadas, animándonos a leer sobre los dioses griegos —Zeus, Hera, Afrodita, Atenea— los cuales yo amaba. Ayudé a niños más pequeños en sus tareas, y los amigos de mis padres tomaron el rol de animarme. "Ese muchacho," decían. "Es muy inteligente. Él será algo más algún día. Mantente así Willie James."

Debido a esto era seleccionado para tener responsabilidades adicionales. Las personas en el vecindario sabían que podían confiar en mí para hacer mandados —ir a la tienda y regresar a tiempo con el cambio correcto, o cambiar un cheque y parar por la compañía eléctrica pagando una factura. En agradecimiento me daban cinco, o veinticinco centavos, así me podía comprar una barra de dulce o un panecillo de miel. Aprendí a conducir cuando era adolescente, y aunque no tenía licencia, frecuentemente conducía a nuestra vecina a quien llamábamos "Lady" al aeropuerto cuando iba de viaje con su club social, y luego manejaba su carro a casa y lo estacionaba cuidadosamente en su entrada cuidándolo hasta que era tiempo de recogerla de nuevo.

Este sentido de particularidad fue reforzado. Se convirtió luego en: que yo era el hijo bueno de mi madre. Aún hoy, con mi madre ausente por casi treinta años, mis hermanos se refieren a mí de esa manera —el bueno, el que siempre hace lo correcto—. Así que mientras Fred era genial y popular, jugando básquetbol todo el día y saliendo de fiesta y compartiendo con adultos jóvenes, algunos de los cuales eventualmente terminarían en la cárcel, yo traté, tanto como pude, de mantenerme lejos de problemas. Por supuesto, mis amigos y yo podíamos robarnos un melón de un jardín vecino, abrirlo en el suelo, y comerlo allí mismo en un día caliente de verano, pero si alguno de los chicos en mi grupo sugería que abriéramos un carro o robáramos una tienda, siempre pedía un adelanto de diez minutos en el que los abandonaría y me desaparecería en otro libro. No bebo y nunca en mi vida he fumado marihuana; en la secundaria era el muchacho al que las chicas lindas y populares le contaban sus secretos, confiando en mí sobre varones con quienes se acostaban —o esperaban hacerlo—. Recuerdo una noche conduciendo con Fred y uno de sus amigos en su Charger amarillo, un vehículo de alta potencia que Fred compró en 1979. Las ventanas iban arriba, y estaban fumando un porro, llenando el interior del auto de nubes de humo. Determinado a no drogarme, contuve mi respiración hasta que no pude, luego me rendí y abrí la ventana. "¡Cierra la ventana!" me gritó Fred desde enfrente. "¡Estás dejando salir el buen humo!". Mi madre descifró desde temprano que aunque los azotes me hacían comportarme, otra táctica funcionaba aún mejor. "Esperaría eso de Fred. Pero estoy decepcionada de ti." Me decía, presionado mis botones. Me gustaba complacer, y nada me importaba más que la opinión elevada de mi madre.

En retrospectiva veo una infancia triunfante —con retos materiales, pero rica culturalmente— sin embargo también entiendo profundamente el poder tremendo de la aprobación comunitaria y prejuicios que mis pacientes tienen que tomar en cuenta al ponderar su decisión de aborto. Sé lo que es ser subestimado, y sentirse frustrado de que, a pesar de tus mejores esfuerzos, no puedes superarte. He llegado a darle sentido a mi vida a través de un adagio que una vez escuché: La vida se comprende mejor viendo hacia atrás, pero tiene que ser vivida hacia adelante. La providencia, el trabajo duro, y un buen juicio me han posicionado en mi camino actual, y ahora siento que tengo la perspectiva del personaje del Viejo Testamento José, quien, como un adulto próspero, se encontró a sus hermanos mayores, que por celos le habían dejado en un foso a morir. Pensaron que estaría amargado, pero no era así: él vio que Dios hizo sus circunstancias pasadas para bien, y que a través de ellas fue capaz de salvar muchas vidas. Estoy absolutamente convencido de que toda mi crianza fue preparación para mi labor en el aborto. Digo esto porque creo lo que dicen: La experiencia no es lo que te sucede. La experiencia es lo que haces con lo que te sucede. Todo lo que me ha sucedido alimenta la compasión que necesito para hacer mi trabajo, puesto que durante mis interacciones con las mujeres que atiendo, tengo constantemente presente que por la gracia de Dios, allí voy yo.

CAPÍTULO 3

"Esa Chica"

Cada domingo hasta que tuve doce años, mi madre me envió a la Primera Iglesia Bautista Misionera Unida, en la calle Seattle en Wylam. Era un edificio de ladrillos al final de Número 8, con un pequeño campanario que apenas apuntaba hacia el cielo. Primero había escuela dominical y luego el servicio religioso, y la regla de nuestra madre era que no podíamos salir a jugar a menos que fuéramos a la iglesia. Entonces íbamos. No era una dificultad, porque me encantaba —me daba más oportunidades de aprender y tener éxito—. Era acólito menor y era parte del coro, y porque me consideraban inteligente, me daban versos extra para memorizar y recitar, y frecuentemente era elegido para pararme frente a la congregación y resumir la lección. De esta manera, me sentí seguro hablando en público, sin incomodarme por el prospecto de la improvisación y temerario ante una multitud. Y cuando tenía doce años, fui bautizado en esa iglesia, de acuerdo a sus costumbres, primero una semana en el banquillo de los lamentos, y luego de pie en la fuente bautismal en el patio de la iglesia, vestido todo de blanco, mientras el Reverendo Arrington, el pastor viejo y autoritario que había estado a cargo por cuarenta años, decía, "Hermano, te bautizo en el nombre del Padre, del Hijo y del Espíritu Santo." Me sumergió entonces, de pies a cabeza. La leyenda contaba que si tocías o te ahogabas, no tenías buena religión y tenías que hacerlo de nuevo.

Por memorable que fuera eso, deseaba una fe auténtica más que una rutina. Cuando entré en la adolescencia, era apasionado, ambicioso, hambriento y ansioso de encontrar mi lugar en el mundo. Quería conocer al Dios viviente. Cuando tenía catorce años, un hombre joven llamado Mike Moore se convirtió en el entrenador de mi equipo de béisbol. Mike había crecido en Número 8, pero no era como la mayoría de los otros chicos que conocía. Era educado, bueno en los deportes, un estudiante excelente, y notablemente la primer persona que conocí que planeaba ir a la universidad. Motivado, cargaba con sí el aire fresco del mundo con él y tenía grandes sueños para su propio futuro: luego de una experiencia de conversión, tuvo la certeza de su vocación para comenzar una iglesia y ser predicador, pero no sin antes pasar un año en la escuela de Derecho. Mike les agradaba a todos. Yo lo idolatraba, quería ser justo como él.

Mike hablaba de Jesús todo el tiempo, y animaba al equipo de básquetbol a acompañarlo en el estudio bíblico. La cristiandad que aceptaba y acuerpaba era una fe vibrante, un pentecostalismo contemporáneo que comenzaba y termina con la importancia del Espíritu Santo. Desde sus inicios, en la primera parte del siglo veinte, el pentecostalismo siempre ha sido sobre el Espíritu, el tercer aspecto de la Santa Trinidad y el más difícil conceptualmente, el espíritu de Dios que existe dentro de todos los creyentes cristianos. Aquellos que experimentar el volver a nacer ofrecen tributo especial al Espíritu Santo. Dicen que desciende sobre ellos o les infunde en ese momento de conversión un tipo de poder que les guía, como una brújula, hacia la santidad. El pentecostalismo tiene sus raíces en los versos del Libro de los Hechos, el cual describe una multitud de seguidores de Jesús —unos ciento veinte en total, incluyendo los discípulos, mujeres, hermanos de Jesús— esperando por su Señor resurrecto.

Y de repente vino del cielo un estruendo como de
un viento recio que soplaba , el cual llenó toda la casa donde
estaban sentados; y se les aparecieron lenguas repartidas,
como de fuego, asentándose sobre cada uno de ellos. Y fueron todos
llenos del Espíritu Santo, y comenzaron a hablar en otras
lenguas, según el Espíritu les daba que hablasen.

En el pentecostalismo, el Espíritu es potente, dotando a los creyentes no sólo de la habilidad de discernir la voluntad de Dios para sus vidas sino también a menudo poderes extraordinarios y supernaturales —la habilidad de hablar en lenguas o curar a los enfermos con la imposición de manos—. El pentecostalismo que Mike enseñaba me aseguró que no tenías que ser una versión limpia de ti mismo para merecer estos talentos o el amor de Dios. No tenías que llegar a ser nada, o ganar puntos en el cielo. No tenías que dejar de fumar. No tenías que dejar de beber. No tenías que llegar a un punto de crisis y decidir cambiar tus caminos. El punto de Dios es que Él te amaba en tu quebrantamiento, que Él no necesitaba que fueras perfecto. Ese era el milagro. El mismo entendimiento dictamina mi enfoque con mis pacientes. A medida que se sienten presionados a dar explicaciones, a racionalizar su decisión de aborto, a menudo sienten la necesidad de inventar una narrativa que los haga parecer virtuosos, o que "limpie" los detalles de sus circunstancias, para evocar mi compasión. Cuando detecto esto, les comento sobre mi entendimiento (aunque mantengo a Dios fuera de ello): tu necesidad te hace merecedora. Estás bien tal y como eres.

Mike me enseñó que si le invitaba a entrar en mí, podía ser bautizado por el Espíritu Santo —y una vez que lo fuera, podía hablar en lenguas y sanar a los enfermos, echar fuera a los demonios, y más: que el Espíritu me guiaría hacia la versión más divina de mí mismo. "El Espíritu puede orar por cosas por las que no sabías que necesitabas orar," me dijo Mike. Un miércoles por la noche, luego de la práctica de béisbol, Mike llevó a todo el equipo a estudio Bíblico. Yo era el único que regresaba una y otra vez. Me convertí en una de esas personas que ves siempre con una Biblia en la mano: leyendo, subrayando, buscando referencias hasta que me aprendía el texto de memoria. No sólo leía las Escrituras, leía los comentarios e interpretaciones de las Escrituras. Como buen estudiante, este enfoque a la religión atraía mi lado contemplativo.

El domingo 14 de mayo de 1978, cuando tenía quince años, dejé entrar a Jesús a mi vida y nací de nuevo. Esta no fue una decisión repentina o el tipo de evento orgiástico del que se oye en las historias de tele-evangelizadores. No tuve visiones tecnicolor. Ninguna voz sonora e incorpórea desde lo alto haciendo eco en mi oído o hablándome a través de la radio AM. No caí al suelo a sollozar. Mike me instruyó, de hecho, a no ocuparme mucho de las experiencias emocionales, que van y vienen. El Espíritu, Mike decía, es constante, como los latidos del corazón. En el estudio Bíblico, leí sobre la vida de Pablo, el antiguo antagonista judío de los primeros cristianos. La conversión de Pablo —iba en el camino a Damasco y miró un destello de luz; escuchó la voz de Jesús, quedó ciego, y luego, a través de un sanador cristiano, recibió la vista de nuevo— inició el primer esfuerzo evangelizador masivo. Viajó más de dieciséis mil kilómetros, de acuerdo a la leyenda, en su mayoría a pie pero también en bote, por lo que hoy en día es Israel, Siria, Grecia y Turquía, predicando a los no conversos la verdad de la historia del evangelio. Quería esa certeza y grandeza para mi vida. Y quería el sentido de guía divina. Consciente de las limitaciones que mis circunstancias colocaban sobre mí, fui atraído a la idea de que dándome a mí mismo a Dios, tendría una nueva vida. Tendría un futuro y un plan.

Fue por la tarde. Mike me dijo que todo lo que tenía que hacer para experimentar el amor del Dios viviente era invitarlo a Él a entrar. Quería intentarlo, por mí mismo —sin iglesia, o una congregación o la presión social de un llamado al altar, o el espectáculo que a veces puede acompañar un momento así. Había una parcela de tierra roja al final de nuestra colina, diagonal al corral de cerdos de mi abuelo, tan polvoriento en los meses de verano que regresábamos de nuestros juegos de baloncesto cubiertos de pies a cabeza en mugre, y tan lodoso que cuando llovía no podíamos hacer rebotar una pelota. Justo abajo del aro de básquetbol al final de la parcela había una gran roca de superficie suave. Me senté en la piedra solo, con mi biblia. El vecindario estaba tan quieto que parecía dormir. Cerré mis ojos, y en esa quietud de la tarde oré para que Jesús llegara a mi corazón. Y lo hizo. Y luego abrí los ojos. Nada era diferente —y sin embargo, yo había cambiado—. Era el mismo día soleado. Las hojas de los árboles se agitaban ligeramente. Las casas ya familiares estaban allí, en el mismo orden, con los mismos porches frontales y puertas de malla, como habían estado toda mi vida. Pero reconocí que era diferente. Había alguien, algo, dentro de mí, un recurso espiritual para ayudarme a ser la mejor versión de mí. Tenía vida eterna. Y tenía un propósito. Y ahora la tarea era averiguar cuál era ese propósito.

***

Dios es amor, y Dios no juzga, pero las personas de Dios a veces pueden ser demasiado piadosas y altaneras, y pueden volverse inflexibles. Eso es lo que me pasó a mí. Mi conversión me apasionó y me dio confort, pero también me hizo rígido y fervoroso. Mike y yo fuimos de puerta en puerta en Número 8, entregando tratados y panfletos a quien sea que contestaba, tan insistentes en nuestro evangelismo que algunos pensaron que nos habíamos hecho

Testigos de Jehová. Entramos a las casas de la gente y, con la certeza de nuestra propia santidad, creíamos que nuestras oraciones podían exorcizar malos espíritus y restaurar la salud mental a quienes sufrían posesiones demoníacas. Era común entre la generación de mi madre creer en espíritus, fantasmas y maleficios —mi madre le llamaba "plantar raíces" en alguien— y recuerdo ir con Mike a la casa de una mujer llamada Marsha, a petición de su familia, para expulsar a los demonios. Mike y yo encontramos a Marsha en su cocina, y Mike comenzó a llamar al demonio que creíamos habitaba en su cuerpo. "¿Quién eres, Marsha?" le ordenó. "No eres Marsha". No sé si ella estaba jugando con él, pero comenzó a ver alrededor con los ojos desorbitados hablando en una voz diferente. Hoy, como médico, puedo ver que ella estaba claramente en un estado alterado —psicótica deprimida o en algún lugar en el espectro esquizoafectivo. Pero en ese entonces, no teníamos Prozac, o Hardol. Teníamos a Jesús, y pensamos —todos lo hacíamos— que a través de nosotros Jesús aliviaría la mente atribulada de Marsha.

En mi último año de secundaria, Mike inició su propia iglesia, Capilla de Fe, en la sala de su pequeña casa. Esa iglesia tuvo ocho o nueve miembros fundadores, incluyéndome a mí mismo; la mayoría de sus miembros originales pertenecieron a mi propia familia —mis hermanos y hermanas convertidos a Jesús a través de mí. (Ahora Mike Moore lidera una de las mayores mega-iglesias en Birmingham, con siete mil miembros.) Fui considerado "dotado" de La Palabra: en mi último año de secundaria, era invitado a predicar en la iglesia frecuentemente. En esa primavera, en 1981, me habían aceptado en el alma mater de Mike, la Universidad de Berea, en Kentucky. Tenía un concepto tan alto de él, éramos tan cercanos, que quería emularlo en todo. Berea fue la única universidad a la que apliqué.

Tenía dieciocho años y estaba en la cima —o al menos así es como me sentía—. El primero de mi familia en asistir a la universidad, estaba atando cabos sueltos en la secundaria, donde terminaba mi período como el primer presidente del cuerpo estudiantil que la secundaria de Ensley había elegido. También fui seleccionado para una beca de verano, uno de ocho o nueve niños afroamericanos a quienes se les daban trabajos en vacaciones de verano en laboratorios científicos en la universidad de Alabama, Birmingham. Mi trabajo era ayudar en el laboratorio del Dr. Fred Feagin, un fisiólogo investigador que desarrollaba un nuevo enjuague bucal para prevenir caries dentales y probarlo en macacos Rhesus. Me dieron mi primer bata blanca, y una libreta en la cual registrar los resultados de los experimentos —mi primera incursión en el mundo de la investigación médica, cimentado en mi amor por la ciencia como materia en la escuela. Amé aprender sobre cómo las cosas funcionaban. Pero al mismo tiempo, me mantuve firme en mi religión, usando siempre un pin en la solapa que decía JESÚS y cargando libros como *Cómo Fluir en lo Super Supernatural* de John Osteen, el padre de Joel. Pensé que sabía lo que Dios me había llamado a hacer, que era usar mi voz y dotes oratorias para predicar Su Palabra a cualquiera dentro del rango de mi voz. Pero también era un científico en formación.

Quisiera poder decir que lo que sigue a continuación no me duele, pero cuarenta años después aún es así. En abril o mayo de ese año, cuando estaba tan ocupado siendo importante, me di cuenta que mi hermana menor, Earnestine, estaba embarazada –en ese punto, probablemente de tres meses. Tenía catorce años y había entrado a la pubertad temprano. Su apariencia era la de alguien de dieciséis o diecisiete años. Sin yo saberlo, había estado viendo un amigo mío del equipo de béisbol, un muchacho llamado Orlando Paulding, que tenía dieciocho en ese entonces. Ese invierno, había llegado constantemente a la casa de mi abuelo; pensé que venía a verme, pero era Earnestine en quien realmente estaba interesado. Luego de que se embarazara, dejó de visitar, y en mi ignorancia y egoismo pensé que tenía algo que ver conmigo. No entendía porqué nuestra amistad se había ido a pique.

Uno de mis hermanos me contó las noticias. Por meses, mis hermanos y hermanas habían intentado reunir el dinero para ayudarle a Earnestine a pagar un aborto, pero no tuvieron éxito, ya que otra crisis familiar tomó precedente. Mi hermano Fred fue arrestado (sobre algunos tickets de parqueo sin pagar, o algo así) y tuvieron que usar el poco efectivo que acumularon para pagar su fianza. No me pidieron ayudar con la suma del aborto, creo, porque era un cristiano tan explícito e involucrado en la iglesia de Mike; asumieron que mi papel público significaba que no hubiera querido involucrarme.

Sin el dinero para pagar un aborto, Earnestine continuó su embarazo, y al escuchar su situación, hice el acto menos cristiano imaginable. La juzgué. Excluí a mi hermanita menor. Fui frío con ella, indiferente, altanero. Aunque vivíamos en la misma casa, me rehusé a hablarle durante todo ese verano, y a medida que ganaba peso y se volvía notoriamente más embarazada, me rehusé a verla a los ojos. La literalidad bíblica a la cual me adhería me hacía moralmente superior con respecto al ideal cristiano de la pureza sexual. Lo vi de manera simplista. Aún de adolescente, tuve la autodisciplina de controlar mis propios impulsos sexuales. ¿Por qué no pudo ella? Suena duro decir esto, pero pensé que mi hermana debió haberlo pensado mejor. Había visto otras adolescentes embarazadas, y sabía que eran un hecho de la vida. Pero en mi inmadurez espiritual —mis pensamientos no habían evolucionado— mantuve a Earnestine bajo un estándar más alto. Las "chicas buenas" no hacen esto, y ella era mi hermana.

Earnestine se convirtió en "esa chica", y no fui de ayuda o confort en absoluto para ella. Atrajo la desaprobación de nuestros vecinos, y, por vergüenza y pena, dejó de ir a la iglesia. Las madres de sus amigas más cercanas instruyeron a sus hijas a alejarse de ella, mientras que los muchachos mayores, viéndole ahora como presa, comenzaron a acosarla constantemente con atención no deseada. Fue mi madre quien, finalmente, le mostró a Earnestine la compasión que merecía, doblemente aguda para mí ahora porque tenía tanto prejuicio hacia mi madre por tener novios y otros compañeros sexuales abiertamente luego que se separó de Papi George. La actividad sexual de mi madre era una humillación para mí. "Levanta la frente", le dijo a Earnestine. "No eres la primera persona en estar embarazada, y no serás la última". Luego llamó por teléfono a Orlando y lo puso en su lugar. "¿Nos ayudarás con este bebé?" le preguntó. Y Orlando dijo que lo haría.

En noviembre de 1981, Earnestine dio a luz a un hijo. Lo llamó Orlandis, y cuando llegué a casa de la universidad en la navidad de ese año, tenía seis semanas de edad. De una vez, mi desaprobación se derritió: todos en la familia llamaron al bebé "Gordo", y cuando creció en un muchacho, el apodo le quedó. "Gordo", le decíamos, haciendo eco de nuestro abuelo, "consígueme una soda, del refrigerador".

Landis ahora tiene más de treinta años. Como bombero, sirve a otros y tiene un hijo propio. Y aunque Earnestine está divorciada de su padre, tuvieron un buen, largo matrimonio y un segundo hijo nueve años después.

Quienes se oponen al aborto escucharán esta historia y creerán que apoya su causa: sin poder obtener un aborto por la circunstancia, una niña joven sin recursos cría a un hijo. Pero yo digo que un ejemplo no prueba una norma. Llevar a un hijo a la adultez es una apuesta en el mejor de los casos, y ningún individuo debería ser forzado a tomar ese riesgo si, luego de cuidadosa reflexión, decide que los costos en esta instancia son demasiada carga que llevar. La única persona que puede hacer este cálculo honesto es la mujer misma, y una vez que lo ha hecho, debe escuchar la dirección de su voz interior. Ningún legislador o predicador puede presumir que saben qué es lo mejor que ella debería hacer.

CAPÍTULO 4

Sueños

A veces, cuando estás en medio de algo, no puedes ver más allá de tus circunstancias. Esto es cierto para las mujeres contemplando la decisión de terminar sus embarazos, y fue cierto para mí a medida que maduré y comencé a tomar decisiones determinantes sobre mi propio camino profesional. Afortunadamente, tuve maestros y mentores desde la infancia hasta la escuela de medicina y más allá que imaginaron un futuro brillante para mí cuando yo no lo podía ver por mí mismo. Nunca vieron a mis circunstancias y juzgaron mis habilidades o potencia basados en ideas prejuiciosas sobre lo que ellos, o su Biblia o sus padres o vecinos, pensaron que yo debía de ser. Era un niño curioso que amaba aprender. Ellos veían eso. Veían mi humanidad. Una y otra vez, la gente extendió su mano para ayudar a levantarme o guiarme por circunstancias que casi siempre predecían un futuro sombrío y sin prospectos. Estos mentores están constantemente en mi mente mientras interactúo con las mujeres que vienen a mí para ser atendidas.

En el otoño de 1981, entré a la Universidad de Berea. Fundada en 1855 por el Reverendo John G. Fee, un ministro cristiano que creía que las personas blancas y negras y hombres y mujeres deberían ser educadas juntas, Berea también tenía otra ventaja: aceptaba estudiantes prometedores de escasos recursos provenientes de la región Apalache. Nadie en Berea ha tenido que pagar colegiatura; cada estudiante hace alguna versión de "trabajo de estudio". Basándose en los recursos de un estudiante, la escuela calcula una tarifa para cubrir el cuarto y estadía, y se asignan trabajos al estudiante para pagarlo. Algunos semestres mi colegiatura era tan sólo $35. A veces eran $300. Estudiando en un diminuto lugar idílico y financieramente accesible con excelente programa de arte liberal y quince mil estudiantes, me sentía como un cerdo en el lodo.

En mi primer año, encontré otra persona que vio en mí el potencial que yo no veía. Mike Moore notó mi talento para una fe cristiana profunda y liderazgo y predicación. El Dr. Thomas Beebe cultivó mi amor por la ciencia. El Dr. Beebe era una eminencia en Berea. Un hombre delgado de sesenta años y barba larga y una pasión por los exteriores, había sido el director del departamento de química por décadas. Siempre vestía camisas de franela y botas de escalar, aún en clase, dando la impresión que iba de salida para los Tetones a uno de los viajes de acampada por los que era famoso —llevando docenas de estudiantes a la naturaleza por un mes de invierno en la intemperie. Para mí, se parecía a Grizzly Adams. Dr. Beebe enseñaba Química 1 y 2 y Química Orgánica, y su reputación era legendaria. Había tenido excelencia en ciencias en la secundaria, lo suficiente para ganarme ese trabajo de vacaciones con los macacos Rhesus. La religión animaba en mí un sentimiento de sorpresa y maravilla, pero la ciencia me ayudaba a entender cómo funcionaban las cosas —la maquinaria detrás del misterio, la cual he amado desde que jugaba con escarabajos en el patio de mi abuelo. Los cursos de Beebe eran conocidos por ser terriblemente difíciles, y no soportaba los payasos. Le aconsejaba a los estudiantes que no podían satisfacer sus estándares salirse de su curso y encontrar algo más que hacer —y tenía fama de esforzarse por ayudarle a aquellos en quienes veía potencial.

Mis últimos años de secundaria y todos los honores que he acumulado durante ese tiempo —como miembro de la Sociedad Nacional de Honor, como el primer presidente afroamericano del cuerpo estudiantil, y como el primer jardinero en el equipo universitario de béisbol— me dejaron seguro o esperanzado sobre mis habilidades para tener éxito en la universidad. Académicamente, pensé que estaba listo. No tomé mucho en darme cuenta, sin embargo, lo ilusionado que estaba. En mi primera semana allí, había tomado una serie de pruebas de colocación diseñadas para medir mi habilidad en varios temas, y —aunque tuve honores en matemáticas en la secundaria Ensley— fui ubicado en aritmética correctiva, una clase tan básica que no era listada como un curso de nivel universitario por el cual no recibía ningún crédito. Descubrí inmediatamente que esta cultura de élite, de tomar pruebas y preparación estratégica para exámenes de acceso, era nueva para mí. No me di cuenta en ese entonces, pero este es uno de los efectos secundarios reconocidos del racismo sistemático y la inequidad de clase: al entrar en lo que otros consideran "El mundo real", las personas que han crecido en ambientes empobrecidos encuentran casi imposible prosperar.

En mis primeros dos años de universidad, no sabía cómo ser estratégico en mi selección de cursos, cómo elegir cursos en los cuales tenía mejores oportunidades de sobresalir, de esta manera subiendo mi nota final. En su lugar, elegía clases sin considerar mucho cómo ellas, o las notas que ganaba a través de ellas, impactarían mi futuro. Como resultado, mi puntuación promedio oscilaba en el 2.7. No declaré mi maestría hasta mi primer año, cuando elegí biología con la meta de eventualmente convertirme en un maestro de secundaria de biología —literalmente la mayor ambición que podía imaginar para mí mismo—. Me matriculé en la clase del Dr. Beebe porque Química 1 era requisito. Aún era cercano con Mike Moore, y la manera en que lo imaginaba, regresaría a Birmingham luego de la universidad para enseñar durante el día, mientras ayudaba a Mike a construir su iglesia, predicando y enseñando la Palabra en mis horas libres. Me acerqué a Química 1 con temor. Aún antes de conocerle en persona, la reputación del Dr. Beebe inspiraba en mí un miedo saludable — que ahora llamaría un estrés positivo—. Entré en su clase asustado, motivado, con ganas de que me fuera bien.

En algún momento durante el primer mes de clases, Dr. Beebe nos dio una prueba de la tabla periódica, balanceando ecuaciones y propiedades químicas. De los sesenta y cinco estudiantes, sólo diez personas pasaron. Yo era una de ellas. Al reverso de mi hoja de prueba, Beebe escribió "Buen trabajo. Es claro que entiendes el material. Ven a verme."

Esa tarde, hice el peregrinaje a la oficina del Dr. Beebe, un lugar oscuro que parecía el apotecario de un mago en el tercer piso del edificio de ciencias, al final de un pasillo largo acorralado en una esquina. Los laboratorios a lo largo del pasillo parecían salidos de Harry Potter: bancos con cubiertas grandes para capturar el humo de las explosiones. De las paredes colgaban armarios llenos de vasos y frascos y sustancias químicas de colores y jarrones conteniendo especímenes y fetos animales. En su oficina, Dr. Beebe estaba sentado en su gran escritorio, de cara a una pared llena de libros, y me indicó sentarme en la silla de frente a él. Me preguntó de dónde era yo — conocía bien Alabama— y cuáles eran mis aspiraciones. A medida que yo hablaba, él escuchaba, recostándose en la silla jugando con un lápiz entre sus dedos y mordiéndose el labio inferior. Luego fue al grano.

"¿Qué planeas hacer en tu carrera?"

"Pensé en enseñar biología," le dije. Probablemente nunca me había sentido tan tímido.

"¿Has considerado alguna vez ir a la escuela de medicina?"

La verdad es que nunca lo había hecho. En quinto grado, luego de que me fuera bien en una prueba de logros estatal, un guía consejero me buscó y me preguntó qué me gustaría hacer. Le dije que me gustaría hacer trabajo con mis manos. Ella me sugirió que considerara ser un carpintero, porque en aquel tiempo los carpinteros tenían asegurada una ganancia de siete dólares por hora. Eso me pareció mucho dinero en ese entonces, pero aún de doce años tenía la sensación que la consejera me daba poco crédito. En el mundo del que venía, un profesor o un predicador era la mayor cosa, lo mejor, que un niño podía soñar convertirse: profesiones que ofrecían estabilidad, satisfacción, aceptación social, una oportunidad de ser un ejemplo y ayudar a otros, un ingreso estable —y un camino a algo de prominencia. Quería todo esto. Pero la escuela de medicina nunca había estado ni remotamente en mi radar.

"No sé si mis notas son lo suficientemente buenas," le dije. "No sé si puedo ser competitivo." Le dije cuál era mi promedio global, y mi semestre consignado a matemática correctiva.

"Oh, puedes ser competitivo," dijo con seguridad. Luego, sin nunca usar las palabras "acción afirmativa", Dr. Beebe me dijo que no era una desventaja ser una persona de color. Parecía decidido en hacerme ver que estaba a la par con otros estudiantes de experiencias e historial similar, que habían vías para el éxito para mí, y que haría todo lo que estuviera a su alcance para ayudarme a navegarlas. Me sugirió allí mismo que tomara un curso de preparación para la Prueba de Admisión de la Universidad de Medicina durante el semestre de invierno, y me ayudó a encontrar la manera de tomar un préstamo a bajos intereses para pagar por él. "Te vamos a escribir una recomendación," dijo decisivamente, su cara ruborizada y alegre al levantarse. La conversación tomó sólo veinte minutos, pero salí de su oficina sintiéndome motivado, empoderado. Quizá esto era lo que Jesús quería que hiciera.

***

La idea tomó posesión de mi cerebro. Personalmente no conocía a nadie que fuera doctor. Mi principal experiencia con los doctores había sido el departamento de pediatras que me daban las inyecciones de epinefrina y dosis curativas de Coca-Cola cuando era un niño asmático, y mi única experiencia con doctores afroamericanos había sido con dos diferentes dentistas de Birmingham. Uno de ellos tomó dos pacientes grandes y fuertes de la sala de espera para ayudar a tenerme quieto mientras llenaba una caries cuando tenía como seis años. Y el otro era un fumador. Había asistido a él para rellenar otra caries cuando tenía dieciséis o diecisiete, y, luego de que inyectó mis encías con novocaína, salió por un cigarrillo mientras la anestesia surtía efecto. Cuando regresó y puso sus dedos en mi boca, sabían a nicotina, aun cuando había lavado sus manos.

Sonará tonto decir esto, pero la única otra influencia médica grande que tenía era el personaje del Doctor Adams en el programa de televisión del Oeste *Gunsmoke*. Doc podía hacer de todo —y lo hacía, siempre que le llamaban—. Asistía partos, removía balas, y trataba la caspa. Me gustaba esta idea de la medicina: donde todos los días presentaban personas y problemas diferentes que resolver. Ese era el tipo de doctor que quería ser: útil, calmado en la crisis, competente en cualquier situación. La medicina me parecía, aún más que la enseñanza, capacitar a una persona para embarcarse en un camino de aprendizaje de por vida, un lugar donde podría aplicar consistentemente mi curiosidad con resultados satisfactorios, y donde podía hacer un buen trabajo con mis manos. Mi mente aún no había hecho la conexión entre medicina y justicia; eso sucedería después.

Durante la navidad de mi primer año, fui a casa e hice una cita con el Dr. Henry Hoffman, el director de admisiones en la escuela de medicina de la Universidad de Alabama, Birmingham. Dr. Beebe me sugirió que hiciera esto, y lo hice. No estoy seguro de cómo conjuré el valor —si era estúpido, o valiente, o un poco de ambas—, pero llamé a la oficina del Dr. Horffman para agendar una entrevista informativa. Luego, en el día designado, vestí mi mejor atuendo: un suéter azul claro, una corbata de puntos fina, y un par de chinos que compré en Sears. Mientras conducía al centro, las mariposas bailaban en mi estómago. La Universidad de Alabama, Birmingham, tenía la reputación de una universidad de niños buenos, y aún durante mi pasantía de la secundaria, trabajando en el desarrollo de un nuevo enjuague bucal, nunca había visto muchos doctores negros en el campus. Era difícil imaginarme en ese papel. Pero cuando entré a la oficina del Dr. Hoffman y se paró detrás de su gigantesco escritorio de caoba vistiendo una bata nítida de laboratorio, me extendió su mano. Fue tan cálido que inmediatamente me relajé.

"Así que asistes a Berea," dijo. "Es una buena institución."

Le dije al Dr. Hoffman cuánto amaba Berea; lo estimulante intelectualmente que la experiencia era para mí. Le conté de mis materias favoritas, Cuestiones Éticas y Valores y Morfología de Cordados. Le dije que cursaba maestría en biología, y que pensaba que quería ser doctor, pero que me preocupaba que no tenía las notas. Mi promedio global se arrastraba hacia arriba, pero aún estaba por debajo de 3.0.

Dr. Hoffman no parecía en lo mínimo preocupado sobre mi promedio global. Le gustó que fuera un niño local con sueños grandes, y tomó un interés especial en mí. Lo importante, me dijo, era tener un "perfil académico ascendiente" —un punto de nota promedio en aumento que demostrara el mejoramiento académico aun cuando el material representaba mayores retos. Luego el Dr. Hoffman me dio el regalo de mi vida: sugirió que enviara aplicaciones a programas de verano para estudiantes en desventaja a Harvard y Tulane. Estos programas, me dijo, ayudan a pavimentar el camino para prospectos de escuela de medicina de familias de bajos ingresos y minorías presentándoles profesores de primera línea, brindándoles transcripciones de una universidad élite para trabajos de créditos de vacaciones, y enseñándoles estrategias para navegar el proceso de aplicación. Si no me hubiera reunido con el Dr. Hoffman ese día, nunca hubiera sabido de estos programas, nunca hubiera aplicado a ellos, y nunca me hubiera encontrado en Harvard el siguiente verano. "Buena suerte," me dijo el Dr. Hoffman cuando me levantaba para irme. "Espero algún día verte en el grupo de solicitudes en UAB." Tenía tanto entusiasmo cuando salí de su oficina, que prácticamente estaba saltando fuera de mi propia piel.

Todo lo que tenía en ese momento de mi vida eran sueños —una condición que me hacía exactamente como cualquiera de veintitantos en la tierra. Muchas de las mujeres que vienen a verme son jóvenes —al borde de sus vidas adultas y llenas de sueños—. Pienso en mí mismo en ese momento en la oficina del Dr. Hoffman, y en todo lo que quería. Y pienso en el Dr. Hoffman, Dr. Beebe, Mike Moore, los amigos de mis padres en Wylam, y todas las otras personas mayores en mi vida que me dijeron que era correcto —apropiado, recomendable— querer todas esas cosas, aún si esas visiones eran de alguna manera aun débiles e inmaduras, cimentadas en la imaginación fuerte de un adolescente y no tanto en realidades prácticas. Y me pregunto a veces qué tanto apoyo estos maestros y mentores hubieran tenido si me hubiera presentado ante ellos como una mujer involuntariamente embarazada. ¿El Dr. Beebe me hubiera animado tan calurosamente? ¿El Dr. Hoffman me hubiera enviado en mi viaje al Sur y a lugares donde encontraría personas e ideas que aún no comenzaba a concebir? ¿O no le hubieran extendido el mismo apoyo entusiasta que me extendieron a mí, sintiendo que por su habilidad biológica de cargar un feto y dar a luz a un bebé, sus prospectos y limitaciones eran fundamentalmente diferentes de las mías, y por lo tanto quizá era obligada a apreciar sus sueños de manera diferente?

Durante un día típico en la clínica de aborto, veo tantas estudiantes universitarias, tan vulnerables como yo a esa edad, igual de ambiciosas. Ahora pienso en una mujer que vino a verme a la clínica de Montgomery. Con veintiún años y de contextura vigorosa, era una corredora de media distancia de clasificación nacional. Se recostó en la camilla, y mientras realicé el sonograma —tenía diez semanas de embarazo— me dijo que tenía dos preguntas. Primero, ¿Un aborto impediría su habilidad de tener hijos? Y segundo, ¿Qué tan pronto podría retomar su entrenamiento? Estaba intentando recortar segundos de su tiempo de ochocientos metros para calificar a las Olimpiadas de Río. Pero con el mismo aliento también dijo, casi en un suspiro, "Me siento tan mal." Tenía la certeza que quería terminar su embarazo, pero había sido criada en la Iglesia Católica y sentía la carga y la vergüenza de traicionar a su fe. Veo mujeres en su estado mental todo el tiempo, asumiendo la pena que su cultura coloca sobre ellas. Si una de cada tres mujeres en Estados Unidos tiene un aborto en su vida, entonces una gran proporción de esas mujeres han sido criadas en una religión o en un vecindario que oficialmente desaprueba su decisión. Como cristiano, siento que es mi trabajo ofrecer una contra-narrativa: que Dios le dio a cada mujer los dones y la potestad de desarrollar esos dones, y que nada sobre elegir el terminar un embarazo o retrasar la crianza de hijos coloca a una mujer fuera del amor de Dios. Contesté sus preguntas sinceramente. "No," le dije, "un aborto no afectará tu habilidad de tener hijos. Puedes tener hijos, tantos como quieras, en un momento en que funcione para ti (asumiendo que no hay problemas de fertilidad subyacentes que no puedan ser tratados). No, no puedes correr por un par de días," le dije, "pero con tu nivel de condición física, un par de días de descanso no dañarán tu velocidad. Es mejor recuperarse apropiadamente y estar perfectamente saludable a largo plazo." En privado, mis pensamientos eran estos: *Ningún Dios en el que creo juzgaría a esta persona por querer lo mejor para sí misma.* Y así, aunque no me preguntó nada más, hice mi voz neutral y toqué su rodilla. "No te juzgues a ti misma," le dije.

***

¡Harvard! Aterricé en el aeropuerto Logan de Boston un día soleado de junio de 1984, el verano en que la película *Purple Rain* salió, antes de mi último año en la universidad. Tenía veintiún años y nunca me había subido a un avión antes. Volé en Delta desde Lexington, Kentucky, y me sentaron en la última fila de los no-fumadores (que igual pudo haber sido la primera fila del área de fumar). Todo el humo de cigarrillo circulando dentro del precinto confinado me mareó, pero estaba fuera de mí de la emoción. El avión planeó, y tuve una vista de la ciudad brillante: el Río Charles y la cuadrícula de ladrillos y edificios más allá. Como el ratón de campo que era, pagué veinticinco dólares por una carrera de quince dólares en taxi a la Plaza de Harvard. Luego arrastré mis maletas en dirección del río, donde encontré mi cuarto en mi Casa Mather.

Había alrededor de noventa personas matriculadas en el programa de Profesiones de la Salud de Harvard, todos niños de minorías poco representadas. Éramos afroamericanos, latinos, nativo americanos, isleños del pacífico. Cuando todos se reunieron en el comedor esa primera noche, recuerdo sentirme inseguro, como si todos tuvieran más derecho a estar allí que yo. Yo venía de la pequeña Universidad Berea, con quince mil estudiantes. Pero acá habían personas de todos lados: Harvard; Universidad de Boston; Universidad de California, Irvine; UCLA; Cornell; la Universidad de Washington en St. Louis. Y aquí estaba yo, un varón joven de la pobreza extrema, de un lugar donde tenía que caminar media docena de kilómetros al lado de las vías del tren luego de la práctica de béisbol para llegar a la casa. Y ahora estaba viviendo en un pasillo residencial nombrado en honor del ministro Puritano Increase Mather, el lugar donde se puede decir que la gente blanca privilegiada nace, una puerta de acceso a los mejores trabajos y las personas más importantes —si hablabas el idioma, y conocías los apretones de manos secretos, y adoptabas la primacía de su cultura. Recuerdo sentirme en muchos aspectos como un fraude.

Ha sido muy bien establecido que los estudiantes de minorías frecuentemente fracasan en campus blancos de élite. Encontrándose en medio de una cultura poco familiar e hipercompetitiva, pueden desmoralizarse. Y si la universidad no es apropiadamente vigilante y solidaria, puede potenciar su ansiedad, convertir el miedo al fracaso en el fracaso mismo, una profecía auto-anunciada. En mi caso, la inseguridad era como un miedo religioso. Luchando en contra de mi síndrome de impostor, me volví súper involucrado y motivado. Tomé dos cursos, uno en microbiología llamado Infecciones, y un seminario en fisiología cardiovascular. Ese verano aprendí de huéspedes, vectores, y virulencia, y sobre las fibras Purkinje del corazón. Pronto se hizo claro que el Dr. Beebe estaba en lo correcto. Nada del material estaba fuera de mi alcance. Lo entendía, y cuando nos juntamos en las noches en nuestros grupos de estudio, me encontré a mí mismo explicándole a las personas cosas que inicialmente pensé estaban fuera de mi liga. Para el final del período tenía una A- en fisiología cardiovascular y una B+ en Infecciones, impresos, a la vista de todo el mundo, en un certificado con un sello de Harvard.

Pero no era sólo el impreso de Harvard que me daba seguridad. El programa de Harvard, siendo diseñado para ayudar a personas exactamente como yo, extendía todo tipo de información estratégica que quizá nunca hubiera descubierto por mi propia cuenta. Los niños pobres son criados con carencias mucho más allá de lo material. Son criados sin un sentido claro de sus propios horizontes, con una supresión sistemática de posibilidad y una falta literal de información pragmática sobre cómo las personas exitosas logran sus metas. Mi consejero asignado, un estudiante en ascenso de segundo año de la Escuela Médica de Harvard, me ayudó a escribir y re-escribir la declaración personal que acompañaría mi solicitud a la escuela de medicina hasta que fuera perfecta. Un director de admisión de Harvard me contó sobre la exención de la tarifa de Servicio de Solicitud del Colegio Médico de Estados Unidos, que le permitía a personas con recursos financieros limitados evitar los costos globales de la petición y aplicar a diez escuelas de medicina gratuitamente.

***

La pobreza es una carga onerosa, y no sólo por cómo la necesitad material —insuficiente comida, insuficiente ingreso para pagar las cuentas, falta de seguridad de vivienda o fácil acceso a educación sexual o planificación familiar— afecta a los individuos y familias. Las personas que viven en pobreza son tratadas como ciudadanos de segunda clase en este país, privados de manera generalizada del respeto y compasión acorde a cada ser humano. Entendí el impacto amplio y permanente de este diminutivo hacia mí mucho después, como adulto, cuando volé de Birmingham a Hawaii para sentirme en el lecho de Miss Lula Houston, una mujer mayor que había sido como una abuela para mí cuando era un niño. Allí estaba yo, un doctor en medicina, un profesor, viviendo en un lugar con el cual la gente de mi vecindario sólo había fantaseado, llegando a casa a un lugar de donde casi nadie se fue. "Willie James, estoy en serio muy contenta que hayas venido a verme," me dijo Miss Lula al sentarme al lado de su cama. "Señor, Señor, Señor, me gustaría que la gente pudiera verte ahora. Tantas personas dijeron que no ibas a ser nada." Y me di cuenta que, aunque era considerado inteligente y aunque era "un buen muchacho," las personas que me amaban apostaban en mi contra debido a las circunstancias en las que fui criado. Ahora que traigo todo lo que fui y que he aprendido de nuevo sobre las comunidades de mi juventud, puedo relacionarme de verdad con mis pacientes: entiendo cómo el ser pobre y venir de un grupo racial estigmatizado puede amenazar tu sentido de autodeterminación y agencia. Las mujeres que vienen a mí por abortos están eligiendo un camino diferente del guión que otros hubieran escrito para ellas.

Pero la lección aguda realmente llegó a casa mucho antes de eso, cuando regresé a Birmingham luego que el programa de Harvard terminara. Estaba quedándome en la casa de mi abuelo, viendo familia y viejos amigos, y en el día que tenía que conducir a Berea para sumergirme en mis solicitudes a escuelas de medicina, caí con un caso fuerte de faringitis estreptocócica. Estuve todo el día en cama con dolores musculares, fiebre, garganta irritada, un sabor a bilis en mi boca, preguntándome cómo haría el viaje de seis horas de vuelta a la universidad. Finalmente, alrededor de las 9:00 p.m., me arrastré hasta mi carro usado y conduje hasta Copper Green, el hospital para personas indigentes, y me presenté a mí mismo ante las enfermeras de admisión en el departamento de emergencias. Con fiebre alta y un aire de delirio, debí haberme visto muy enfermo, pero me hicieron esperar hasta que el doctor de oído, nariz y garganta llegara.

Me senté allí por siete horas, hasta que a eso de las cuatro treinta de la mañana, el residente otorrino finalmente llegó, su apariencia como si acabara de salir de la cama. Con una lámpara en su cabeza, me pidió reclinarme mientras insertaba una aguja larga con una jeringa en mi amígdala para asegurarse de que no tuviera un absceso. La aguja no me molestó —no era quisquilloso— y me alivié cuando me dio de alta, escribiendo una receta para antibióticos y enviándome a casa. Pero me ofendió profundamente su falta de urgencia —su indiferencia, y la indiferencia del personal del hospital, mientras me senté allí por horas, esperando y esperando, sintiéndome miserable toda la noche. Me sentí y estoy especulando, que porque este era un hospital de gente pobre sin seguro, este doctor sentía que nuestro tiempo no tenía valor. Él sabía que había un flujo interminable de gente pobre entrando por su puerta, sin importar lo duro que trabajara, nunca acabaría con la carga de sus casos. Así que decidió que dormiría cuando quisiera, y que me vería cuando estuviera listo. Quizá fue mi perspectiva reciente, el vistazo que tuve del mundo de privilegios, pero mi sentido de querer justicia para personas como yo repuntó. Al regresar a la universidad con un par de amigos, enrollado en mi asiento, aun recuperándome de mi faringitis, hice un voto de que al convertirme en doctor, les transmitiría a mis pacientes un sentido de respeto y valor por su tiempo —sin importar el poco dinero que tuvieran.

Seguí el consejo que recibí en Harvard y apliqué a escuelas de medicina en mis estados natales de Alabama y Kentucky, así como también a algunas de las escuelas médicas de universidades históricamente negras. Fui aceptado en la mayoría de ellas (incluyendo, para mi gran alegría, en la Universidad de Alabama, a petición personal del Dr. Hoffman). Pero terminé en la Universidad de Iowa porque estuvieron de acuerdo en cubrir mi cuenta de colegiatura porque tenían una larga historia de apoyar a estudiantes minoritarios, comprobado por una matrícula de minorías de doble dígitos. En mi primer año de escuela de medicina, todas mis cuentas fueron pagadas, debido a la Beca para Estudiantes de Necesidades Financieras Excepcionales, una subvención nacional. Fui uno de los veinticuatro estudiantes de medicina de primer año más necesitados en todo el país —un honor dudoso, para estar seguros.

En retrospectiva, puedo ver ahora lo frágiles que fueron mis sueños, aun cuando se sintieron tan reales para mí, y cómo su supervivencia dependía de tantas personas que creyeron en ellos al menos tanto como yo. Estas eran personas sabias, que sabían más que yo sobre el mundo, que guiaron mi futuro y me ayudaron a tomar las decisiones correctas por mí mismo. Trabajé duro y fui dirigido hacia programas especiales designados a elevarme a mí y a otros de nuestras circunstancias para que tuviéramos una visión más amplia. Fui animado a nutrir mi ambición, pero también fui apuntado en dirección de ayuda material real, para que mi ambición pudiera llevar frutos.

Quizá lo más importante, fue que Mike Moore me enseñó sobre la naturaleza radical del amor de Dios —siempre posible, nunca punitivo y nunca, jamás, condicionado. Sabía en lo profundo de mi alma que merecía convertirme en doctor porque tenía el potencial y la voluntad para hacerlo, y que era un hijo de Dios, una situación que no era circunstancial. Y cuando miraba a mi alrededor, me daba cuenta que no todos —como el guía consejero de quinto año en ENT que asistía a Copper Green— se sentían de la misma manera sobre las personas que resultaban ser menos afortunadas que ellos.

Digo esto con respeto, pero creo que es fácil malentender, o pasar por alto, lo que significa ser pobre. Quinientos dólares, aproximadamente lo que cuesta un aborto quirúrgico en el primer trimestre, puede no parecer mucho dinero para algunas personas, pero los hechos de mi vida me ayudan a entender, a nivel de mis huesos, cuánto puede significar. Habían semestres en Berea en que le debía a la escuela tan sólo un par de cientos de dólares para pagar mi cuarto y estadía y no podía juntarlos porque alguien de la casa me había llamado y necesitaban un préstamo para algo importante y no podía decir que no. Y sé con cada pulsación de mi corazón latiente que no hubiera encontrado mi camino a la escuela de medicina si los colegas en Harvard no me hubieran contado de la exención de la tarifa de solicitudes, ahorrándome mil quinientos dólares, y si los amigos de Iowa no hubieran visto la promesa en mí y me ofrecieran una exención en la colegiatura al admitirme. Había estructuras establecidas, sistemas para ayudarme a realizar mis sueños.

Los períodos de veinticuatro, cuarenta, y setenta y dos horas de espera —el período de tiempo entre una visita inicial a la clínica para consejería y la cita de aborto dictado por veintisiete estados desde el 2010— ha incrementado la carga en las mujeres que desean terminar sus embarazos al no brindarles el apoyo financiero. Cada día, o semana, que una mujer pobre retrasa el procedimiento, incrementa sus costos, no teoréticamente sino en términos reales –*y el no tener dinero es probablemente la razón principal por la que quiere un aborto en primer lugar.* En el 2015, ThinkProgress, un sitio web afiliado con el Centro para el Progreso de Estados Unidos, calculó el costo de un aborto para una mujer viviendo en una parte rural de Wisconsin, si tomas en cuenta la gasolina, hotel, gastos de cuidado infantil, las horas de trabajo perdidas necesarias para cumplir con el período de veinticuatro horas de espera requerido por el estado. La cuenta, incluyendo el costo del aborto mismo en el primer trimestre, es de $1,380.

Para una mujer que no desea estar embarazada, los sistemas y estructuras del establecimiento y del gobierno no abren puertas. Las cierras. Le obstaculizan, forzándole a pagar más, no menos, para reclamar su propio futuro. Como un hombre afroamericano joven y pobre con apetito de logros, fui capaz de tomar oportunidades brindadas a mí —imperfectas y escasas como lo eran— para convertirme en un doctor. Pero para una mujer joven que resulta estar involuntariamente embarazada viviendo en Alabama —o Mississippi o Texas o Indiana— no hay tal acceso. Aun peor. Al decretar leyes que le obligan a esperar, y al hacer aún más difícil para los que brindan abortos realizar su trabajo de manera segura y sin trauma y riesgos para sí mismos, los estados están activamente negándole su futuro, y por lo tanto su humanidad.

CAPÍTULO 5

Primero ella

Mi decisión de convertirme en ginecobstetra me sorprendió hasta a mí mismo. Con el Doctor Adams como mi modelo mental, imaginé una carrera como el pilar local de una pequeña comunidad, tratando a hombres y mujeres, niños y ancianos, para todo desde hiedra venenosa hasta cáncer en etapa avanzada. La obstetricia y ginecología nunca estuvieron en mi radar, así que guardé mi rotación de ginecobstetra para el final de mi tiempo en la escuela de medicina. Fue, honestamente, un elemento adicional. No conocía a ningún ginecobstetra. No tenía aspiraciones en esa dirección. En lo que respecta a las especialidades, no había sido iniciado.

Para mi sorpresa, caí completamente enamorado. Caí por el contenido de la especialidad, la fisiología de las mujeres, la rutina impredecible. Amé el contacto uno-a-uno con las pacientes, el hecho de que podía desplegar mis buenas manos y habilidades técnicas en una gran variedad de ámbitos: en cuidado prenatal y labor de parto así como oncología y cirugía ginecológica. Una mujer puede entrar a labor de parto con facilidad, o puede necesitar una operación de cesárea, y me encantaba que debía estar preparado y habilitado para lidiar con cualquier resultado. Amé la perspectiva alternativa que obtuve en fisiología humana aprendiendo de la anatomía femenina y el sistema endocrino. Y me encantó que tantas de las pacientes que mirábamos ya se encontraban saludables. Estas eran, en su mayoría, personas no enfermas. Eran personas saludables, haciendo lo que podían para mantenerse a sí mismas, sus embarazos, y sus hijos vivos, en buena salud también.

En cada departamento de ginecobstetricia, el énfasis es en el parto. Todo lo demás —el tratamiento de enfermedades; el mantenimiento de la menopausia; la salud reproductiva, incluyendo planificación familiar y atención de aborto— es secundario. Recuerdo con claridad una de las primeras veces que presencié un parto. Había leído sobre la labor de parto, por supuesto, y me senté en charlas sobre la fisiología del embarazo; sabía las particularidades de cómo el cuerpo de una mujer cambia a través de las etapas de gestación del embarazo, y cómo las mujeres están diseñadas evolutivamente para acomodar estos cambios. Pero nunca lo había visto de primera mano. Una tarde, como parte de mi rotación, fui programado para ver a una mujer dar a luz. Como estudiante de tercer año de medicina, no podía participar; mi único papel era observar. Mi recuerdo de una mujer a quien llamaré Sra. Olson, sin embargo, es tan clara como el día. La Sra. Olson era de Waterloo, Iowa. Era blanca, su esposo era afroamericano, y fue admitida a la sala de parto para tener a su tercer hijo. Estaba progresando rápidamente, y jadeando como las mujeres lo hacen en las últimas etapas del parto, pero no quería tenerlo hasta que su esposo terminara de parquear el carro. Él no había podido asistir a ninguno de los partos previos de sus hijos, y este se suponía sería el último. "Más le vale que no se lo pierda," repetía ella. Así que a medida que el bebé coronaba, ella se rehusaba a pujar, diciendo, "Más le vale que no se lo pierda. Más le vale que no se lo pierda." Las enfermeras y otra gente corrían de un lado a otro, buscando al Sr. Olwon, tratando de traerlo arriba, y justo en ese momento di la vuelta para tener una mejor vista, ella me miró y gritó, "¡Ese no es él!"

El Sr. Olson llegó a tiempo. Y él y yo vimos, en asombro, cuando la vagina de la Sra. Olwon se abrió y dio a luz a una bebé de ocho libras. El personal de parto cortó el cordón umbilical y la secó y succionó sus vías respiratorias. Y luego la Sra. Olson expulsó la placenta, y su cuerpo se cerró. Encontré que era el proceso más hermoso y fascinante que jamás había visto.

La ginecobstetricia se sintió como una buena opción para mí, la opción correcta. En parte, creo, esto es porque, como un hijo sin padre, siempre me sentí más relajado entre mujeres que entre hombres, comenzando cuando, de niño pequeño, era el favorito de las mujeres sabias del vecindario: maestras, bibliotecarias, instructoras de la escuela dominical —el receptor de mucho ingenio hogareño y sabiduría—. Y parcialmente porque, en mi madurez —aunque no lo hubiera planteado de esta manera como estudiante de medicina— reconozco en las luchas de las mujeres el reflejo de las mías propias. Al elegir atender mujeres, podía haber pasado mi vida ayudando a un grupo de personas estigmatizadas en base a su apariencia y circunstancia, como yo lo fui; gente que tiene que trabajar diligentemente en contra de toda adversidad para construir un sentido de sí mismas y un depósito de dignidad. No tenía una ideología del feminismo en ese entonces, ni las herramientas para medir la opresión. Aun así, intrínseco en mi elección de convertirme en ginecobstetra estaba la sensación incipiente de que quería pasar una vida aliado con las mujeres en el lado de la justicia.

Nadie fue más influyente en mi creencia de que una mujer tiene derecho a tomar sus propias decisiones que mi madre. Mi madre murió el domingo 3 de septiembre de 1989, durante mi cuarto año de escuela de medicina, justo cuando aplicaba a programas de residencia. Usualmente le hablaba cada sábado por la mañana, un remanente de los días cuando estaba en la secundaria y me despertaba temprano para sentarme con ella en las horas antes del amanecer cuando los panecillos estaban en el horno, y hablábamos tranquilamente antes que el resto de la casa se despertara. El sábado anterior no habíamos hablado. Mi hermano más joven, Steve, contestó el teléfono cuando llamé y me dijo que no estaba bien. Pensé en que hablaría con ella después, y luego tuve una cita, y trabajo, y el día se me escapó.

La persona que llamó era mi cuñado Orlando Paulding. El esposo de Earnestine y el padre de su hijo.

"Hombre," dijo. "Tu mamá ya no está."

Literalmente no entendí lo que dijo.

"Lo siento. Tu mamá. Acaba de fallecer. Ella falleció."

No me desmayé, ni lloré. Lo que sentí, en su lugar, fue como si mi corazón se saliera de mi cuerpo y cayera en el piso. Y si hubiera podido cesar de vivir en ese momento, lo hubiera hecho. No es que me volví suicida. Es que no estaba preparado para existir en este mundo sin ella en él. Llamé a los doctores de turno a cargo de mi rotación y les di las noticias. Tenía que ir a Birmingham y hacerme cargo de los arreglos. Ellos me dijeron que tomara tanto tiempo como fuese necesario.

Mi madre no estaba enferma, pero era enfermiza. Siendo fumadora con hipertensión toda su vida, también era amputada. Desde que perdió su pierna se hizo sedentaria y ganó mucho peso. Cuando Steve la encontró esa mañana del domingo, estaba en su cama, sin respirar —la misma cama en el mismo cuarto que solía ser el de mi abuelo—. Aunque el examinador médico dejó el espacio de "causa de la muerte" en su certificado de defunción en blanco, mi instinto y pericia me decían que tuvo un ataque cardíaco silencioso. Tenía sólo cincuenta y cuatro años.

He sentido dolor, pero nunca nada tan profundo. Volé a casa el lunes y fui directo a la funeraria, donde firmé el cheque de una pequeña póliza fúnebre que había pagado por años para cubrir los arreglos. La póliza le otorgaba un ataúd básico sin adornos. Esa noche, y por el resto de esa semana, dormí en la casa de mi abuelo, la casa donde ella nació y murió, yo solo. Todos mis hermanos excepto Steve vivían solos en ese entonces. Steve se atemorizó, se fue a quedar con Mary. Ese tiempo solo fue terapéutico para mí, ya que fui capaz de reflexionar en lo que ella me había dado. Mi madre tenía un corazón grande y tierno. Tenía un profundo sentido lo que era correcto y justo. Era fiel a Dios, y aun cuando no tenía razón para ser optimista, era optimista. Creo, espero, haber heredado estas cualidades de ella, especialmente la habilidad de mantener las cosas en perspectiva. Porque soy cristiano, creo en el cielo. Cuando mi madre cruzó al otro mundo, dejó de vivir de manera separada de mí. Ahora vive en mí, en el latido de mi corazón.

El mayor don que me dio fue el don de la paternidad propia —un hecho que no sabía pero que aprendí de la manera difícil en los meses luego de que muriera mientras luchaba para darle sentido a mi vida sin ella. La última vez que había ido a casa fue en el mayo anterior, el Día de la Madre, y había sido tan significativo para mí el poder darle un billete de cien dólares, que gané yo mismo. "No le digas a nadie que tienes esto," le dije en ese momento. "No se lo des a nadie. Sólo compra algo para ti misma." Con su muerte, me afligió que hubiera perdido la oportunidad de llenarla con las comodidades que se merecía. Mucho antes de que conociera a Mike, al Dr. Beebe, al Dr. Hoffman, mucho antes que escuchara alguna vez de Harvard, mi madre fue la primera persona que creyó que había un futuro brillante esperándome. Ansiaba ser capaz de aliviar las carencias materiales bajo las cuales había sufrido por tanto tiempo.

El funeral de mi madre fue en el Centro Cristiano Faith Chapel, su iglesia luego que me fui a Berea. Mike Moore, mi mentor, antiguo pastor y amigo presidió el servicio, predicando un sermón llamado "Un lugar llamado El Cielo." Hicimos la procesión a la iglesia a través de las calles de Número 8 desde la casa de mi abuelo, y fui de pie al lado de su ataúd en un largo llanto. Durante el convivio luego del funeral, algo extraño e importante ocurrió. Una amiga de la familia se acercó a mí y me dijo que sabía quién era mi padre biológico: su primo. Ahora que mi madre había fallecido, ¿Quería que nos presentaran? Cada niño sin padre sostiene fantasías de qué tan diferente, qué tanto mejor, pudo haber sido la vida con la influencia y guía de ese padre ausente, y aunque de muchacho nunca sentí un déficit de amor paterno, tenía curiosidad. Una vez, cuando era niño, tuve el valor de preguntarle a mi madre sobre mi paternidad, aunque el tema estaba fuera de lo permitido. Me tomó mucho esfuerzo tocar el tema.

"¿Quién te alimenta?" me preguntó mi madre a modo de respuesta cortante.

"Tú lo haces," le dije, acobardado.

"¿Y quién te pone la ropa y paga las cuentas?"

"Tú lo haces", le dije.

"Entonces tu padre es quien yo digo que es. Yo soy tu mamá y soy tu papá."

La manera en que me puso en mi lugar me hirió —era un niño— pero ese día en la iglesia, en su funeral, vi las muchas maneras en que tenía la razón. Mi madre luchó en sobremanera para proveernos; durante todos esos años, fue tanto madre como padre para nosotros —y nos amaba plenamente. A menudo digo en broma que tuve un comité de papás: los padres de mis amigos fueron tan atentos conmigo como lo fueron con su propia descendencia. Ni la biología ni la genética tenían nada que ver acá. A través de mi infancia y adolescencia, este hombre no estuvo en mi vida. No le brindó ninguna ayuda a mi madre —financiera, emocional o de otro tipo—. No me enseñó cómo atar una corbata y no me compró libros. En lo que concierne a mi madre, mi paternidad era asunto de ella, y a la edad de veintisiete, tuve contento en dejarle tener la última palabra. No dudé en darle a mi amiga una respuesta. No estaba interesado en conocer al hombre que presuntamente me engendró. Y el honrar a cualquier hombre reconociéndole se sintió para mí como un insulto a la preciada alma que acabábamos de enterrar. El día después del funeral de mi madre, hice los arreglos para volar de vuelta a Iowa y regresar al trabajo. Es donde quería estar.

CAPÍTULO 6

Practicando el Aborto

No recuerdo la primera vez que hice un aborto. Pero hay un procedimiento que realicé poco después de mi conversión en Hawái que está sellado en mi memoria. Una de mis pacientes regulares de ginecobstetricia, una mujer a quien llamaré Rachel, vino a verme en mi consultorio privado en Honolulu. Éramos amistosos. Ella y su esposo eran agradables, y traje al mundo a sus dos bebés. Su hijo mayor, un varón, a menudo acompañaba a su madre en sus visitas al doctor. Era un chico extrovertido y en cuanto aprendió a hablar, se acercaba a mí y me pedía que lo cargara. Me llamaba Tío Parker, en la manera en que tantos niños hawaianos se dirigen a sus mayores —aunque estoy seguro que su madre le instruyó utilizar "doctor" que es más formal—. Rachel y su esposo estaban esperando ansiosamente su tercer hijo, y en esta visita prenatal en particular no pude escuchar un latido de corazón del feto. El embarazo no pudo desarrollarse. Luego de confirmar el diagnóstico, le describí a ella tres opciones: podría dejar que el embarazo pasara espontáneamente; podría darle medicamentos para hacer que el útero se vacíe; o podría llevar a cabo lo que se conoce como un D&C: dilatación y legrado, el procedimiento quirúrgico realizado por un médico para extraer un feto no viable del cuerpo de una mujer. Como procedimiento médico, un D&C y un aborto son exactamente lo mismo. Incluso antes de mi conversión al aborto, había hecho muchos, muchos de ellos —miles, probablemente— pero siempre en el cuarto de operaciones y siempre con la paciente bajo anestesia general, profundamente dormida. En los hospitales universitarios donde había trabajado, y como práctica aceptada en ese entonces, la anestesia general para un D&C que trata un aborto involuntario era el protocolo estándar. Pero para cuando Rachel llegó a mí, había estado observando con regularidad al Dr. Kessel realizar abortos —procedimientos a pacientes externos hechos sólo con anestesia local para adormecer el cuello uterino— durante meses. Imaginé que esas horas de observación, sumado a mis largos años de experiencia tratando abortos involuntarios en la sala de operaciones, me daban las habilidades que necesitaba para hacer este procedimiento muy básico y rápido en mi oficina sin la red de seguridad de un anestesiólogo general. Hasta hoy me duele decir que fui alentador con ella.

No tenía las habilidades. Técnicamente, todo fue de acuerdo al plan, pero cuando dilaté el cuello uterino de Rachel, sintió más incomodidad de lo que ambos esperábamos, y cuando usé la aspiradora —el tubo de succión— para remover el producto de la concepción, sintió muchos calambres, y lanzó un grito de dolor. Fue traumático —tanto para mí como para ella—, pienso, porque me caía tan bien y sentí, profundamente, que había fracasado. Esta no era cualquier paciente, sino una mujer a quien conocía y me agradaba, cuyo hijo pequeño me llamaba Tío. Al brindar el cuidado necesario, no pude hacerle sentir cómoda durante un procedimiento que debió haber sido breve y fácil. Me sacudió, totalmente, y fue en ese momento que mi compromiso al aborto tomó otro giro, más profundo: me prometí a mí mismo que mi disposición para ayudar siempre debería ser equiparada por mi *habilidad* de ayudar. Renuncié a mi posición como residente en la facultad en la Universidad de Hawái y decidí volver a capacitarme —para aprender tanto como pudiera sobre atención de abortos para que nunca jamás volviera a encontrarme en esta terrible posición de sentirme inepto y causar dolor innecesario. Estoy para siempre en deuda con Rachel: tuvo un gran corazón y no tomó mi torpeza en mi contra; continuó viéndome como su doctor durante todo el tiempo en que permanecí en Hawái. Fue ella la que validó para mí algo que sólo conocía en teoría: el aborto nunca es totalmente indoloro. Es incómodo físicamente, a veces doloroso. Y por esto, es doblemente importante que las pacientes continúen teniendo no solamente acceso legal a abortos seguros, sino acceso práctico también: los doctores necesitan ser capacitados en números suficientes para realizar abortos tan rápida e indoloramente como sea posible, mientras brindan un máximo grado de compasión. Sin ese acceso, las mujeres serán conducidas a buscar abortos de amateurs —o inclusive a tomar acción en sus propias manos.

En el verano del 2006 dejé Hawái por una oportunidad increíble. Me mudé a Ann Arbor, donde me convertí en el becario de la Universidad de Michigan en Planificación Familiar, una oportunidad de desarrollo profesional, con muy buen financiamiento de un donante anónimo y administrado a través de la Universidad de California, San Francisco. El programa proporciona a los doctores, incluso a aquellos a mediados de carrera, una oportunidad para enfocarse específicamente en atención de aborto clínico y anticoncepción, así como trabajo de aula en salud pública. Hay alrededor de treinta programas similares en universidades alrededor del país, un número que ha crecido constantemente desde que la beca fue establecida en 1991. En Michigan, fui la primera persona en este rol, y me lancé al trabajo, más determinado que nunca en adquirir un profundo conocimiento en el cuidado a mujeres que pocos otros querían cuidar. No conocía a nadie allí. Tenía cuarenta y tres años. Hacía frío en Ann Arbor, y me sentía solitario. Pero mi madurez me dio una ventaja, y abordé mi aprendizaje con un vigor e intención que fueron diferentes de otras fases de mi educación. La atención de abortos era lo que quería hacer; lo que quería ser era alguien que brindara abortos. Este era entrenamiento vocacional, y por dos años me sumergí en el arte y la ciencia de atender a las mujeres de esta manera. No sólo era el oficio que quería realizar —aunque sí era eso—. Era el trabajo clínico de lidiar, en este ambiente íntimo, con todos los asuntos psicológicos que cada mujer tiene sobre el aborto. Quería estar presente para cada mujer, sin importar su situación. Así que fui a la clínica de Planificación Familiar y realicé abortos, una y otra vez, como el atleta que va al gimnasio luego de práctica a hacer tiros de tres puntos. Algunos días veía a quince mujeres. Algunos días, a treinta. Sin importar cuántas pacientes llegaran, me entrené a mí mismo para siempre tener la energía y concentración para ver una más. Quería llegar al punto donde el procedimiento fuese automático, una síntesis de memoria muscular y vigilancia mental, permitiéndome saber instintivamente lo que era correcto y normal —en una mujer que tenía rasgado uterino de una cesárea, en una mujer con fibrosis, en una mujer obesa— y cómo reaccionar en un momento en que algo salía mal —cómo evitar perforar el útero y cómo identificar un sangrado inusualmente pesado— de la manera en que un conductor experimentado se desvía de un obstáculo en la autopista sin agitarse o tener que pensar conscientemente en qué hacer. Quería saber todo sobre cómo manejar la ansiedad de una paciente, y sus lágrimas. Quería ser tan bueno, tan incontrovertible, tan innegablemente experto en brindar atención compasiva de abortos que ninguna mujer jamás tuviera que sufrir una onza de angustia adicional bajo mis manos.

***

Un aborto es la terminación de un embarazo antes de que un feto obtenga "viabilidad," definido por la Corte Suprema en 1973 en *Roe v. Wade* como la habilidad de un feto se sobrevivir fuera del vientre con asistencia técnica médica. El aborto quirúrgico del primer trimestre, también conocido como "aborto de aspiración al vacío," representa casi el 70 por ciento de todos los abortos realizados en los Estados unidos. (Los doctores frecuentemente utilizan el término D&C para referirse a lo mismo: la dilatación y legrado técnicamente involucra el raspado manual en las paredes del útero con una herramienta larga llamada una cureta; era la vanguardia hasta que la tecnología de succión se convirtió en práctica común.) Un aborto de aspiración en vacío es un procedimiento muy simple de bajo riesgo que puede ser realizado para terminar un embarazo de hasta seis semanas. Es más simple que una colonoscopía o extracción de un diente. El riesgo de complicaciones que terminen en la hospitalización es más bajo que el 1 por ciento.

Es tan seguro que, cuando Roe fue aprobado, la expectativa dentro de la comunidad médica era que los ginecobstetras regulares pronto brindarían abortos en sus oficinas de manera tan rutinaria como cualquier procedimiento de oficina; pero debido a las políticas exacerbadas sobre el tema, muy pocos lo hacen. De acuerdo a un estudio del 2011 publicado por el periódico *Obstetrics & Gynecology*, sólo el 14 por ciento de los ginecobstetras realizan abortos, aunque el 97 por ciento dicen que han visto pacientes que lo desean. Por lo tanto el noventa y cuatro por ciento de los abortos realizados en los Estados unidos son hechos en clínicas especializadas como en la que trabajo —dedicadas especialmente a este tipo de atención—. Más o menos un tercio de estos son hechos en clínicas de Planificación Familiar, que es el mayor proveedor de abortos de la nación. El resto son realizados en clínicas independientes por individuos que las operan como negocios pequeños.

Antes de obtener un aborto de aspiración en vacío, una mujer debe hacerse una prueba de orina para confirmar su embarazo y una prueba de sangre para determinar su tipo de sangre. La fecha del feto se mide desde el último ciclo menstrual, y no —como muchas personas creen— desde la concepción, porque la medicina es una ciencia racional basada en datos: aunque puedes saber empíricamente cuándo ocurrió la menstruación por última vez, no se sabe necesariamente cuál acto de relación sexual resultó en este embarazo. Los errores en la fecha gestacional suceden todo el tiempo, especialmente con mujeres que tienen períodos irregulares o que usan la planificación familiar de manera inconsistente. Explico estas cosas de manera tan básica no en afán de ser condescendiente, sino porque en mis años realizando abortos he encontrado que muchas mujeres con educación alta saben sorpresivamente poco sobre la manera en que sus propios cuerpos funcionan. En la clínica de Salud de Mujeres en Jackson, Mississippi, una vez ví a una estudiante universitaria de veintiún años que se presentó ante nosotros cuando tenía quince semanas y dos días de embarazo. Ella no tenía idea de estar tan avanzada. Entró por nuestras puertas imaginando que tenía siete, o máximo, ocho semanas.

Confusiones como la de ella son muy comunes. Esta mujer era ligeramente obesa, una condición de salud que frecuentemente conlleva un ciclo menstrual irregular. Sus encuentros sexuales también eran esporádicos —así que cuando comenzó a sentir náuseas y experimentar algo de vómito, nunca se imaginó que estaba embarazada y en su lugar fue a la clínica de salud de la universidad, donde fue tratada por un virus estomacal. Si hubiera esperado cuatro días más para llamarnos, hubiéramos tenido que rechazarla. Mississippi tiene un período de espera de veinticuatro horas, y una prohibición de aborto en clínicas externas después de las dieciséis semanas. Junto a todas estas prohibiciones y retrasos, el poco conocimiento de salud puede tener consecuencias peligrosas. Una mujer que se toma el tiempo para entender lo que le sucede y luego decide que desea terminar su embarazo puede —literalmente— quedarse sin tiempo.

Cuando llegan a su consejería, un inmenso número de mujeres me preguntan si se les puede dormir mientras tienen su procedimiento. Es entendible. Usualmente han escuchado que el procedimiento puede ser doloroso, y la claridad respecto a su decisión de aborto no significa que son libres de sentir ansiedad sobre el prospecto del dolor —o sobre su decisión misma—. (Pensando en el número de mujeres que eligen epidural durante la labor de parto: quieren al bebé, pero quieren las drogas, también.) Usualmente, mi respuesta para estas mujeres debe ser que no. La mayoría de las clínicas independientes no están equipadas para administrar anestesia general, la cual conlleva su propio conjunto de riesgos y restricciones, y proporcionarla sólo inhibiría el acceso aún más. En la clínica en Mississippi donde trabajé del 2012 al 2016 y en la clínica de Montgomery, Alabama, las pacientes no reciben narcóticos en absoluto. En su lugar, se les da un antihistamínico, el cual causa algún nivel de somnolencia, y una combinación de Tylenol y Motrin para adormecer los fuertes calambres que pueden ocurrir a medida que vacío el útero con el tubo de succión. En el Centro de Mujeres del Oeste de Alabama en Tuscaloosa, cada paciente recibe un ansiolítico, como Xanax o Valium, más o menos media hora antes de su procedimiento, así como naproxeno o ibuprofeno o algún otro medicamento para aliviar el dolor de venta libre. Desde que comencé a trabajar en Tuscaloosa, esa clínica también ha implementado la habilidad de administrar un sedante moderado vía intravenosa, medicinas como Versed o fentanyl –no tanto como para necesitar un anestesiólogo, y no tanto como para que una paciente pierda su reflejo nauseoso, o la habilidad de proteger su vía respiratoria (uno de los mayores riesgos en la anestesia general es la aspiración) —pero suficiente como mantenerla un poco menos consciente—. Caemos en esta opción únicamente en lo que llamamos casos "grandes" —como cuando alguien tiene más de veinte semanas y considero que el procedimiento puede durar más de quince minutos—, o cuando un examen revela un umbral del dolor demasiado bajo. Usamos sedantes intravenosos, por ejemplo, en una chica de catorce años que vino a nosotros embarazada por el novio de su madre. Sabía con seguridad que quería un aborto, pero estaba tan inconsolable y estresada que no podía tolerar ni siquiera un examen pélvico —llorando histéricamente y paralizada con miedo. Pero estos son casos aislados. La mayoría de las veces, a las mujeres les sorprende lo rápido que es el procedimiento y lo relativamente indoloro que es, aún sin sedantes, comparado con sus mayores miedos.

Aunque cada clínica de aborto establece su propio "tono" —algunos "hogareños," con arte en las paredes y flores secas en vasos sobre mesitas, mientras otras tienen un aspecto clínico— cada cuarto de procedimiento se ve más o menos igual. Hay una mesa de examinación equipada con estribos. Una mujer se acuesta sobre ella, y se desviste de la cintura para abajo. En presencia de mi asistente, sigue mi instrucción de "deslizar su trasero hasta el final de la mesa" y coloca sus pies sobre sus caderas en los estribos para que pueda realizar un examen bi-manual para determinar la posición y tamaño de su útero, y para asegurarse de que no experimenta sangrado anormal o infección. Es durante este examen que puedo decir si el útero de una mujer es retrovertido, y si su cerviz se encuentra arriba o abajo, al fondo o a la izquierda o derecha. Saber estas cosas me ayuda a realizar el procedimiento con mayor facilidad, al tomar decisiones por adelantado, como fijar su cerviz con una abrazadera a las seis en punto, para un útero retrovertido, o a las doce, para uno normal. Luego de realizar esta revisión, y asegurarse de que todo —manos, equipo, área de trabajo— se encuentra completamente estéril, inserto un espéculo para mantener la vagina abierta e ilumino la apertura con una luz brillante. "Tosa," le digo en un esfuerzo compasivo para enmascarar el punzón de la aguja, y cuando el paciente lo hace, adormezco su cerviz. Este se llama un bloqueo paracervical, usando usualmente 10 o 20 cc de lidocaína al 1%, que surte efecto instantáneamente.

Luego abro la cerviz con una serie de dilatadores —barras delgadas de plástico o metal, cuyo calibre aumenta en incrementos— hasta que la apertura es tan grande como lo necesito, una medida en correlación directa a la edad gestacional del feto. A las ocho semanas, la cerviz necesita abrirse 8mm. A las dieciséis semanas, necesita abrirse 16mm. Luego inserto una pajilla, llamada cánula, a través de la apertura y adjunto un tubo de succión, el cual lleva a un depósito a mis pies. Enciendo un interruptor en el cuerpo del depósito, lo cual enciende la aspiradora, y, en un movimiento circular, barro las paredes del útero con el tubo. En el espacio de un par de minutos, los productos de la concepción son succionados a través del tubo hasta el contenedor. Cuando retiro la cánula, la apertura de la cerviz se cierra, y el útero inmediatamente comienza a contraerse hasta su tamaño normal, un proceso que la paciente percibe como calambres, que pueden ser igual de intensos que aquellos que acompañan la menstruación, y duran de cinco a diez minutos.

Mientras la paciente se dirige a recuperación, donde se le dan galletas y jugo y descansa hasta que encuentre a quien le lleva a casa, llevo los productos de la concepción al laboratorio. (En algunas clínicas, un técnico de laboratorio hace este trabajo.) Coloco la masa pequeña de tejido y carne en un colador fino que se ve como algo salido de una cocina industrial, y hago correr agua de la tubería por un minuto. Luego transfiero los contenedores del colador a un pequeño plato de plexiglass, el cual coloco sobre una caja de luz. Y allí, inspecciono lo que acaba de salir del cuerpo de la mujer: lo que busco es el saco fetal, el cual, en una etapa gestacional avanzada, se convierte en la placenta, y, luego de nueve semanas, cada una de las partes fetales —cabeza, cuerpo, extremidades— como un rompecabezas que debe ser armado. El tejido fetal tiene un aspecto suave y delicado, mientras que el tejido endometrial, revestimiento uterino, es grumoso, más opaco, y esponjoso. Me aseguro de encontrar cada parte, y las coloco juntas, recreando al feto en el plato. He hecho esto tantas veces que se ha hecho rutinario: no importa qué parezcan estas partes, esta es materia orgánica que no suma nada que pueda vivir por sí mismo. Esta fase del proceso es igual de crucial que cualquier otra, ya que me asegura de haber hecho mi trabajo bien y a totalidad. El aborto tiene una tasa de complicación extremadamente baja; cuando ocurren complicaciones, usualmente es porque un médico ha dejado atrás alguna porción de tejido fetal, una circunstancia que puede llevar a una hospitalización por hemorragia, infección, o ambas.

El procedimiento para deshacerse de estos restos varía por Estado. La clínica de Mississippi tiene un contrato con una compañía de remoción y eliminación de desechos médicos. Una vez que he examinado los restos, el técnico de laboratorio envuelve cuidadosamente el tejido de manera estéril y lo entrega a la firma de remoción de desechos contratada, la cual los elimina de acuerdo a la ley. En Alabama, sin embargo, la ley estatal requiere un reporte de patología: nuestros técnicos envían los productos de la concepción al laboratorio con quien nosotros, al igual que otras clínicas, tenemos un contrato. Allí, los técnicos replican el trabajo que acabo de realizar, asegurándose, una vez más, que el aborto está completo. El propósito de este examen corroborativo es, en mi opinión, otra manera en la que la legislatura del estado de Alabama puede *hiperregular* a doctores como yo, resultando en demandas por mala práctica —y potencialmente cerrarnos—. Un caso verificable en el cual el Estado encuentre que los restos fetales están incompletos o lejos de la edad gestacional que estimamos, sería una demanda por mala práctica, donde el Estado brindaría evidencia de apoyo a los argumentos de un demandante, y nos hundimos. Por eso es que siempre realizo un ultrasonido luego del procedimiento en Alabama: tomo una foto del útero vacío de la mujer luego de su aborto para tenerlo en archivo —un respaldo para mí, en caso que cualquiera tenga una queja, pero más importante como una medida adicional para asegurarme que el proceso está completo.

La idea de que las clínicas de aborto pudieran vender tejido fetal o "partes" por ganancia —como lo implicó la controversia alrededor de Planned Parenthood, en el cual un grupo anti-aborto capturó a uno de sus oficiales en video aparentemente discutiendo los precios de las partes fetales—, es tanto absurda como exasperante. He trabajado en clínicas de aborto en ocho estados y durante dos años fui el director médico de Planned Parenthood en la zona metropolitana de Washington, D.C. Puedo decir que esto no sucede. Por un lado, la mayoría de los abortos —un 91 por ciento de ellos— ocurren en el primer trimestre, cuando el feto no es más grande, de los pies a la coronilla, que los dos primeros dígitos de mi dedo meñique. Y aunque el tejido fetal ha sido utilizado en investigación médica —a veces extremadamente útil— es malicioso implicar que hay un mercado negro extenso en los órganos fetales; no es más que los anti-aborto esperando cubrir con más miedo y ansiedad el tema del aborto. La verdad es esta: Ninguna materia fetal puede ser donada a la investigación sin el consentimiento explícito y firmado de la mujer. Es ilegal "vender" fetos. Cualquier suma cobrada por las clínicas de aborto son tarifas de transacción, cubriendo el transporte seguro y estéril del tejido a un lugar de investigación —y la mayoría de esas sumas no cubren los costos del trabajo.

Aun así, las fuerzas anti-aborto están tan enfocadas en encontrar pequeñas vulnerabilidades en las operaciones de la atención de abortos —muchos aspectos del procedimiento que pueden de alguna manera ser restringidos, legislados o impedidos— que el desecho legal de los restos se ha convertido en un tema focal. En el 2016, con el fin de evitar que las clínicas de aborto brindaran materia fetal a centros de investigación, el estado de Indiana aprobó un decreto, firmado como ley por el Gobernador Mike Pence, que requiere que todos los restos fetales sean tratados como personas muertas y cremados o enterrados de acuerdo con la ley —aun cuando la mujer que buscó el aborto no tenga deseo de dicho rito—. Estas leyes sirven para perpetuar una atmósfera de sospecha y criminalidad alrededor del aborto, el sentido de que de alguna manera este servicio de salud es ilícito. En Tuscaloosa, el inspector de salud puede pasar sin anunciarse en intervalos irregulares para inspeccionar nuestros basureros y asegurarse de que no estamos arrojando materia fetal en la basura, como han dicho en ocasiones en reportes ficticios hechos por fanáticos anti-aborto.

He encontrado que mis pacientes son mucho más sensibles, y mucho menos histriónicas, sobre las realidades de este proceso que sus representantes elegidos. Una vez tuve una paciente —una mujer joven, fuerte, de piel clara con cabello largo y liso— quien, luego de que el procedimiento terminó y se apagó la aspiradora, me preguntó si podía ver los productos de la concepción. El ayudante de salud en la sala en ese entonces, una mujer protectora y de mente maternalista, dijo que no inmediatamente; temía que la joven mujer, al ver lo que veo yo todos los días, se alterara demasiado. Pero le consulté sobre su interés, y encontré que era racional, y curiosa. Como las mujeres que quieren guardar sus imágenes de ultrasonido, ella quería ver con sus propios ojos lo que había elegido no hacer. Habiendo determinado que su interés no era morboso ni autodestructivo, la llevé, en calcetines y sandalias envuelta en su bata de quirófano, al laboratorio, donde le mostré el colador y el plato de plexiglass. Ella vio a las piezas fetales por un momento. Sin expresión, no dijo nada. Miraba hacia el plato como si estuviera tomando una foto con su mente, y luego se fue a recuperación por galletas y jugo.

***

Los abortos del segundo trimestre —en los cuales la mujer tiene más de dieciséis pero menos de veinticuatro semanas de embarazo y los productos de la concepción no son viables— son más complejos de realizar y consumen más tiempo. Requieren mayor capacitación especializada. Debido a que los fetos en este caso oscilan hacia la línea borrosa de "viabilidad" como se estableció en Roe, estos son los procedimientos que se han convertido en el enfoque de mucho activismo político anti-aborto, y han sido circunscritos por muchas legislaturas. Desde el 2011, más de una docena de estados han prohibido los abortos semanas antes de que el feto se haga viable. De hecho, cuando estaba llevando a cabo mi educación de atención de abortos en Ann Arbor, las clínicas de aborto donde trabajaba realizaban abortos sólo hasta las veinte semanas —no por cualquier prohibición, sino porque la clínica misma no estaba equipada para hacerlos—. Estaba comprometido a desarrollar pericia a través de veinticuatro semanas, así que tomé un curso de inmersión en Planned Parenthood, Los Ángeles, donde los abortos del segundo trimestre tardío eran realizados en una clínica de pacientes externos, usualmente porque el feto contaba con una anomalía letal y no sobreviviría. Estos están entre los casos más angustiantes, involucrando parejas con el corazón roto usualmente recibiendo noticias terribles sobre embarazos deseados. Contrario a la imagen que los anti-aborto pintan de ellos, los doctos que realizan estos procedimientos están lejos de ser crueles: son proveedores de atención de salud compasivos que han elegido un trabajo en el cual tratan a individuos en uno de los puntos críticos más devastadores de sus vidas.

Todo es más difícil en un aborto del segundo trimestre. La inclinación natural de la cérvix es permanecer cerrada, especialmente en el contexto del embarazo, y toma entrenamiento y fineza abrirla segura y adecuadamente para permitir la extracción de un feto mayor del segundo trimestre. Esto puede ser logrado con la administración de misoprostol, una droga usada principalmente para el tratamiento de úlceras que tiene el útil efecto secundario de suavizar la cérvix, una o dos horas antes del procedimiento, o con dilatadores osmóticos: dilapan o laminaria —varas del tamaño de un mondadientes hechas de algas secas o materiales sintéticos que expanden la apertura cervical—. Por lo tanto, una mujer buscando un aborto de segundo trimestre debe pasar casi todo un día, o incluso por la noche, esperando que su cuerpo esté listo para que el doctor realice el procedimiento. El adormecimiento del cérvix y la dilación procede de la misma manera que un procedimiento de primera etapa —pero en un aborto de segundo trimestre debo evacuar su útero de manera diferente—. A las dieciséis semanas, el esqueleto fetal cambia de cartílago suave a hueso, y la calavera, o cráneo, está demasiado osificado para colapsar suavemente y caber a través de un tubo. Así que hago el procedimiento manualmente, con un procesión llamado dilación y evacuación, o D&E: una "desarticulación" manual del mismo feto, separando al feto en partes más pequeñas utilizando fórceps, y halándolas, junto con la placenta, fuera del útero a través de la cérvix, ahora abierta alrededor de 2.5 centímetros. Comparado a un proceso de succión, un D&E puede tomar relativamente largo rato, a veces hasta quince minutos.

En estos procedimientos, el riesgo de complicaciones serias incrementa (aunque en cualquier edad gestacional el riesgo es menos del 1 por ciento). Hay un mayor chance de perforar la pared uterina con los fórceps o de hacer daño a un órgano adyacente, y un mayor riesgo de dejar alguna parte del embarazo atrás: parte de la placenta puede fijarse al tejido de la cicatriz de una cesárea, por ejemplo. El nivel de habilidad y experiencia requerido para cualquier médico haciendo estos procedimientos es mayor —y debido a que estos procedimientos son el enfoque de mucha atención activista y legislativa— muy pocos doctores quieren hacerlos. Sólo hay 1,700 proveedores de abortos activos en los Estados Unidos, y sólo un tercio de estos realizan procedimientos luego de las veinte semanas. En el sur, hay menos de diez doctores capacitados y dispuestos a hacer estos procedimientos. La clínica de Tuscaloosa donde trabajo, es uno de los pocos lugares en el sur donde una mujer puede realizarse un aborto de segundo trimestre —y yo soy el único doctor en el área dispuesto a realizarlo—. Así que aunque sólo el 9 por ciento de los abortos a nivel nacional son realizados después del primer trimestre, la proporción es algo mayor en Tuscaloosa.

Yo realizo abortos de segundo trimestre, dentro de los límites de la ley federal y estatal, porque las mujeres me dicen que los necesitan. Y describo los pormenores médicos y científicos del procedimiento aquí, porque creo que sentimentalizar, encubrir, o ignorar datos médicos sobre el aborto es lo que permite que las personas razonables disminuyan en sus mentes los riesgos reales para las mujeres. Las personas frecuentemente asumen que una mujer que ha "dejado" que su embarazo llegue al segundo trimestre y luego que busca un aborto es descuidada o irresponsable. Y a veces lo es, pero a veces no es siempre lo que parece. A menudo, una mujer en esta situación está lidiando con un embarazo muy deseado, y descubre, algo tarde en el camino, que el feto que lleva tiene síndrome de Potter, el cual evita el desarrollo pulmonar, o anenecefalia, en la cual el feto no tiene partes de su cerebro o cráneo. Estas son circunstancias angustiosas para las mujeres, y parejas, y estoy contento de ser capaz de brindar este servicio a ellas, tan compasivamente como pueda.

Más y más a menudo, sin embargo, veo a mujeres en su segundo trimestre debido a la circunstancia, y los efectos constrictivos de nuevas legislaciones, les han forzado a retrasar su toma de decisión hasta que es casi demasiado tarde. Tal vez una mujer tiene cuarenta y cinco años y cree que está al final de su fertilidad. O tal vez tiene catorce. O quizá sabía que estaba embarazada desde temprano, pero perdió el tiempo o estaba en negación o esperaba que ella y su novio se reconciliaran. O tal vez su novio era amoroso y le apoyaba —hasta el momento en que se dio cuenta que estaba embarazada o hasta que comenzó a golpearle—. O tal vez usó muchas drogas ilegales durante el primer trimestre y tenía ideas encontradas sobre si llevar su embarazo a término. O tal vez no es tan dramático como todo eso: tal vez la logística de su vida, combinada con la pobreza y las prohibiciones restrictivas y períodos de espera y falta de acceso, inhibieron su habilidad para actuar con premura eficiente. De acuerdo a datos de Planned Parenthood, más de un tercio de las mujeres que tienen un aborto en el segundo trimestre dicen que lo retrasaron porque necesitaban tiempo para recaudar el dinero.

Una mujer joven —en sus veintes, con un par de hijos— vino a verme a la clínica de Mississippi. Pensó que tenía nueve semanas de embarazo, pero cuando hicimos el sonograma descubrimos que tenía realidad alrededor de trece semanas. Esto la colocaba en una categoría de precio diferente. Mississippi tiene un período de espera de veinticuatro horas, así que si podía juntar el dinero adicional, pudo haber venido el día siguiente. Pero no lo hizo. La siguiente vez que la vi fue tres semanas después, cuando estaba de vuelta en Mississippi. Esta vez, cuando hicimos su sonograma, calculamos que la edad gestacional del feto que llevaba era de dieciséis semanas y un día. Tuve que decirle que, porque estaba más allá de la línea, no podía realizar su aborto.

La mujer comenzó a suplicar. Por favor, me decía. *Por favor.* Quería hacer su aborto. Y me indignaba el giro arbitrario que su vida había tomado, debido al capricho y antojo de varias docenas de legisladores. Excedía la prohibición por un día porque era pobre. Pero no podía realizar su aborto. No podía. Vivo en un mundo donde los inspectores de salud revisan mis archivos de pacientes y echan raíces alrededor de mis botes de basura. No podía arriesgarme a infringir la ley, aún una ley que encuentro injusta, para ayudar a una mujer, y al hacerlo arriesgar mi habilidad de ayudar a todas las mujeres. Lo mejor que pude hacer es decirle de la clínica de Tuscaloosa, que está a tres horas de camino conduciendo. Pero me seguía suplicando. No sabía cómo iba a conseguir el dinero extra (a medida que un embarazo progresa, el costo de un procedimiento abortivo aumenta) o cómo iba a llegar a Tuscaloosa. No le dije lo que más me incendiaba de todo esto. Si ella hubiera vivido en otro lugar con leyes menos restrictivas — Washington D.C., por ejemplo— la hubiéramos podido atender, hacer su consejería, y realizar su aborto en el mismo día. Ella fue penalizada no sólo por ser pobre, sino por vivir en el código postal equivocado.

Los retrasos, callejones sin salida y prohibiciones, hacen que las mujeres comiencen a sentirse desesperadas. No debería ser sorpresa que el número de abortos hechos por ellas mismas está en aumento. En marzo del 2016, un escritor de opinión editorial del *New York Times* llamado Seth Stephens-Davidowitz usó Google para probar una correlación entre las mujeres que buscaban información de abortos caseros y las leyes restrictivas aprobadas por estados. Buscó términos de búsqueda como "cómo tener un aborto involuntario" y "cómo abortar yo misma", y encontró alrededor de 700,000 búsquedas de Google como estas en el 2015. Ocho de los diez estados con las tasas más altas de búsqueda también eran los estados con las leyes más restrictivas. Mississippi, con sólo una clínica abortiva, tenía el número más alto de búsquedas de abortos caseros. En Texas, donde el número de clínicas de aborto ha caído de cuarenta y uno a diecisiete entre el 2012 y el 2015, un estudio encontró que entre 100,000 y 240,000 mujeres habían intentado un aborto casero, ya sea adquiriendo ilegalmente la píldora abortiva mifepristone o tomando la medicina para úlceras misoprostol, la cual se consigue fácilmente en México —o usando hierbas; remedios homeopáticos; golpeándose en el abdomen; tomando pastillas hormonales, alcohol, o drogas ilícitas; o experimentando con implementos como ganchos de ropa—. No son sólo las leyes restrictivas las responsables de esta reversión a los tiempos oscuros antes de Roe. Es la cultura de vergüenza y la retórica política híper-punitiva que ocasiona que las mujeres, especialmente las mujeres religiosas o que viven en estados del Cinturón Bíblico donde estas leyes son más probables de implementarse, deseen un nivel de protección y privacidad que las impulsa a tomar los asuntos bajo sus propias manos.

En el 2016, realicé un aborto para una mujer en Tuscaloosa que tenía dieciséis semanas de embarazo y había dado a luz en dos ocasiones por cesárea. Cuando hablé con ella, me indicó que no tenía el dinero para pagar por el servicio y había decidido, antes de buscar un aborto, intentar un método casero que encontró en internet. Cuando me contó al respecto, sonaba como la receta para una ensalada. Siguiendo las instrucciones que encontró en línea, fue a la tienda y compró perejil y mango verde. Se comió el mango y las hojas de perejil, y luego colocó los tallos de perejil en lo profundo de su vagina. Obviamente, no funcionó. Llevé a cabo su aborto sin problemas, pero me impactó el nivel al cual la desesperación puede mover a una persona a hacer cosas que desafían el sentido común y la lógica.

Fue más revelador una vez que atendí a una mujer en la clínica de Mississippi, una mujer blanca, de alrededor de treinta y cinco años, que era cristiana y enfermera. Había tomado una pastilla que compró en línea, promovida para ocasionar abortos involuntarios, y cuando no funcionó, vino a verme. Estaba muy consciente y avergonzada sobre su embarazo accidental y desesperada porque nadie se diera cuenta de sus circunstancias. No estaba segura de lo que quería hacer —si continuar con el embarazo o seguir con la terminación—. Lo que quería era seguridad de mi parte de que, si decidía continuar con el embarazo, la píldora que ingirió no le ocasionaría daño al feto. Le dije que no le podía ofrecer eso. No tenía idea de lo que se había tomado, y a las siete semanas, el embrión hubiera estado en una fase crítica de desarrollo. Se fue de mi oficina y nunca regresó; no sé lo que le sucedió. Quizá dio a luz a un bebé saludable. O quizá tuvo éxito y abortó ella misma una segunda vez. O tal vez cruzó límites estatales para tener un aborto en un lugar donde nadie le reconociera. Pero su ejemplo lanza una señal de alarma: es extremadamente peligroso para cualquiera tomar píldoras inidentificables por cualquier motivo, y si una mujer tuvo el valor suficiente para entrar a mi oficina habiendo seguido ese curso, entonces hay muchas otras que no. Los que proponen las leyes TRAP dicen que buscan la seguridad de las mujeres, pero al forzar a las mujeres a las esquinas, tanto logística como emocionalmente, los anti-aborto están creando un ambiente que es drásticamente inseguro. Al hacer la decisión de aborto de cada mujer una batalla política pública, están arriesgando la salud de las mujeres. Algunas mujeres preferirían arriesgarse y mantener su privacidad intacta que lidiar con el psico-terrorismo que puede caracterizar la experiencia de entrar en una clínica de abortos.

La manera más fácil de las mujeres para asegurar la privacidad y discreción alrededor de su elección sin arriesgar su salud es el "aborto medicado", también conocido como "la píldora abortiva." Esta es mifepristona, conocida durante su fase de prueba como RU 486. Aprobada por la FDA en el 2,000, es efectiva hasta las diez semanas del embarazo —esencialmente permitiéndole a una mujer tener un embarazo inducido farmacéuticamente en casa. La mifepristona funciona al bloquear los receptores de progesterona. Sin la progesterona, que le dice a una mujer que está embarazada, el revestimiento uterino se rompe y el embrión no puede sobrevivir. El protocolo usual en un aborto medicado es este: una mujer obtiene una dosis de mifepristona de un doctor en una clínica de abortos —o de su doctor privado, si ese doctor está registrado con el fabricante como proveedor oficial—. Luego se le envía a casa y se le instruye insertar cuatro tabletas de una segunda droga, misoprostol, entre su mejilla y encillas aproximadamente veinticuatro horas después, dos en cada lado. El misoprostol (el cual, como mencioné también uso en abortos de segundo trimestre como un agente preparativo cervical) es una droga común y barata usada para remedios estomacales. Ocasiona que la cerviz se suavice y abra. Juntos los dos medicamentos hacen que el útero se vacíe.

"Treinta minutos antes de que tomes el misoprostol, toma algo de Advil para reducir los calambres," le aconsejé a una mujer joven en la clínica de Tuscaloosa, una estudiante universitaria en zapatillas deportivas rosadas que tenía seis semanas. "Deberías comenzar a sangrar en unas pocas horas, y puede que expulses cuágulos del tamaño de un huevo, o incluso un limón. Puedes sangrar fuertemente, empapando dos compresas por hora. Eso es normal. Pero si sangras así de fuerte por más de dos horas, llámanos." Siempre le pido a una mujer que busca un aborto medicado que venga a verme dentro de una semana o dos para una visita de seguimiento.

El veinte por ciento de los abortos en los Estados Unidos ahora son abortos medicados, y ese número está en aumento. A las mujeres les gusta porque les permite terminar sus embarazos en casa, a su conveniencia, en la noche cuando sus hijos están dormidos, sin tener que perder el trabajo o encontrar quien cuide los niños. (La visita clínica para un aborto medicado toma alrededor de diez minutos y no hay espera). Algunas mujeres dicen que se siente "más natural". Muchas lo encuentran menos invasivo.

Pero con sus leyes TRAP, los anti-aborto están haciendo todo lo que pueden para bloquear el acceso a este tipo de aborto, también. Los activistas de derechos del aborto imaginan un mundo en el cual las mujeres que viven en un país sin proveedor de abortos o que apenas son capaces de mantener sus responsabilidades de cuidado infantil y trabajo puedan obtener una consulta con un médico en Skype, y luego, remotamente, recibir una receta para mifepristona. Para bloquear ese acceso, la legislatura del estado de Alabama aprobó el Decreto de Seguridad y Salud de Mujeres del 2013, el cual prohíbe el uso de la telemedicina para recetar medicinas controladas. El estado de Mississippi tiene la misma regla. La amplia disponibilidad de la mifepristona es la peor pesadilla de los anti-aborto, porque les podría permitir a las mujeres terminar sus embarazos, en privado, en consulta con sus doctores, sin tener que entrar en una clínica de aborto. Si un creciente número de mujeres continúan decidiendo tener abortos medicados en la casa, entonces los anti-aborto no tiene ningún lugar donde protestar y ninguna cerca en donde colgar sus horribles carteles.

No soy la primera persona en decir o pensar esto, pero habiendo regresado en mi adultez a hacer mi casa en el sur, es imposible no pensar constantemente en la analogía de los límites sobre los derechos reproductivos de las mujeres y la esclavitud. Como hombre afroamericano descendiente de esclavos y criado en el sur, es demasiado fácil para mí imaginar lo que es no tener control sobre tu propio cuerpo, tu destino, tu vida. Hace menos de doscientos años, los hombres blancos eran dueños de los cuerpos de los hombres negros, y las legislaturas del sur que representaban los intereses de esos hombres blancos protegían no sólo su derecho a comprar y vender humanos como quisieran sino también de ser dueños de los bebés que las mujeres negras tenían, aún antes de que esos bebés nacieran. Los hombres blancos mantuvieron jurisdicción sobre los cuerpos de las mujeres negras, en la medida en que eran sus dueños y tomaban posesión de sus bebés. Mientras el acceso al aborto esté limitado, este abuso de poder se extiende hasta todas las mujeres. Creo que los hombres que aprueban las leyes que limitan el aborto medicado desean controlar los cuerpos de las mujeres, lo cual no está tan lejos de querer ser sus dueños en absoluto.

***

Las mujeres que no beben un aborto medicado o que no pueden obtener uno, debido a los límites y prohibiciones o porque su embarazo ha progresado más allá del punto donde un procedimiento farmacéutico es seguro, buscan las clínicas donde pueden confiarse a sí mismas a doctores como yo. En mi práctica, establecer confianza con la paciente está en el núcleo de lo que hago. Si una paciente confía en mí, entonces tengo las habilidades para llevarla a través de este procedimiento con un mínimo de dolor y ansiedad para que pueda continuar con su vida. En Michigan, me he vuelto altamente habilidoso en la técnica que llamo "verbicaína." Esta es una manera de hablar con las pacientes de manera compasiva, amable y directa —sobre todo, en realidad— para hacerla sentir relajadas. Cuando las mujeres vienen a mí, están resueltas, empoderadas y han tomado una elección. Aun así, frecuentemente están ansiosas, en llanto o al borde. He encontrado que la *verbicaína* funciona al menos tan bien como una receta de medicina. Entre más relajada esté una mujer durante su aborto, sentirá menos dolor y será más fácil para mí hacer mi trabajo bien. Y también he desarrollado lo que en otra profesión podría llamarse un modelo —un ritmo para hablar y consultar que comienza en el minuto en que la mujer entra a la sala de procedimiento y la veo a los ojos—. Antes de que coloque mis manos sobre ella, le hablo sobre lo que va a suceder. No uso un tono condescendiente o paternalista; creo que es mejor ser amable, pero directo —darle el respeto de hablar con ella de adulto a adulto—. Habrá un pinchazo, le digo, y quizá algo de incomodidad, algunos calambres, el zumbido de la máquina de succión. Estas son cosas que las mujeres pueden encontrar desagradables, y lo digo igual cada vez. Luego, con una mano, puede que toque una de sus rodillas, cubierta bajo una sábana de algodón azul. Al final de mi explicación, levanto mi mano, con los dedos desplegados y la palma hacia ella. Cinco minutos. En un aborto del primer trimestre, todo el procedimiento, de inicio a fin, toma cinco minutos. Usualmente esto es tranquilizador y puedo ver la ansiedad en sus ojos comenzando a ceder. La mayoría de estas mujeres ya han tenido hijos. Han pasado por labor de parto y dado a luz a un bebé. Saben que pueden soportar cualquier cosa por cinco minutos.

Mi siguiente acción es hablar, tratar de descubrir, en una fracción de tiempo que a esta paciente puede parecerle monumental o interminable, quién es la mujer, cuáles son sus intereses, cómo contactarle, para ganar su confianza. Un aborto es, a nivel técnico y médico, una invasión corporal. Las pacientes sienten su vulnerabilidad de manera profunda, y esto, junto a la vergüenza cultural, y cualquier rumor que hayan escuchado sobre el procedimiento, puede hacerles sentir increíblemente agitadas. Sus cuerpos y músculos están tan tensos como pueden, lo cual hace mi trabajo más difícil, más difícil para mí adormecer un cuello uterino en una mujer nerviosa; más difícil para mí hacer el proceso de dilación en una mujer cuyos músculos pélvicos están apretados fuertemente. Las mujeres sólo se relajan realmente cuando sienten que se han colocado en manos expertas y compasivas, y cuando ven en mis ojos y en mi cara y en mi conversación que no tengo prejuicio —ninguno— sobre lo que han decidido hacer. Para ganar la confianza de una mujer, trato en resumen evaluar su carácter y estado de ánimo. ¿Tiene miedo? ¿Busca aliviar el estrés riéndose? ¿Dónde trabaja? ¿Cuáles son sus sueños? En estas conversaciones puede que me encuentre hablando de nada en absoluto, desde la cultura de pruebas de incendios de cuartos de emergencia, hasta mi propio amor infantil por la lectura, especialmente el Dr. Seuss, y particularmente *¡Oh, Los Lugares a los que Irás!* Tal vez tuvimos clases de geografía en común. ¿Dónde creció esta mujer? ¿Dónde fue a la secundaria? ¿Fue una escuela rival de la mía? ¿Corría en la pista? ¿Tocaba en la banda musical? En Alabama, casi siempre puedes hablar de comida —¿Hace pan de maíz con harina y levadura? ¿Pone pedazos de jamón en sus vegetales?— y si todo falla se puede hablar de fútbol. ¿Es fanática de la Marea Roja, el equipo de fútbol nacional ganador de campeonatos de la Universidad de Alabama? ¿O le gusta el equipo de Auburn? En Alabama, todos eligen un lado. El fútbol aquí es una religión y puedo probarlo. De niño recuerdo escuchar una versión de la historia de la Creación que iba más o menos así: "¡Y en el octavo día Dios creó la Marea Roja de Alabama!" Familias completas se han rehusado a juntarse en la cena de Acción de Gracias, siendo tan fuerte la rivalidad. Las mujeres en mis salas de espera frecuentemente visten gorras o sudaderas mostrando afiliación a un equipo o al otro.

Y durante todo ese momento, otra parte de mi mente está simultáneamente en otro lugar. Pienso en mi estado mental como una cuerda enlazada entre un estado meditativo, de la manera en que te sientes cuando has hecho algo un millón de veces, y una híper-consciencia clínica, una preparación para lidiar con cualquier reto o anomalía que pudiera presentarse. Estoy pensando sobre anatomía, hemostasia, la integridad de la cicatriz uterina, si está presente —cualquier cosa que pudiera anticipar que me permita operar ligeramente diferente para evitar complicaciones—. A medida que hablamos de esto y de lo otro, termino mi final de la conversación con guía relevante y confort, como sea necesario. Estás posicionada justo donde debes estar, les digo. Eso es genial, perfecto. Aquí viene un pequeño pinchazo. Relájate. Ya casi terminamos. Puedo cantar algunas líneas de una canción popular, para ver si puedo hacerla sonreír o responderme, y para cuanto se da cuenta que estoy tratando de distraerla, está terminado. "¿Eso es todo?" pregunta. "¿Ya terminó? ¿Está seguro?" Claro, estoy seguro.

Algo sobre lo que las personas no hablan lo suficiente es cuán felices algunas mujeres son de haber tenido sus abortos. Nadie quiere entrar en una clínica de abortos, eso es seguro, pero muchas, muchas mujeres están agradecidas y aliviadas cuando está terminado. Recuerdo una mujer que vi en Montgomery, una técnico de radiología. Estaba en sus treintas, embarazada con gemelos. Hablamos de nuestro amor mutuo por los libros, y le dije que, con todo lo que conduzco entre clínicas de aborto, frecuentemente escucho libros en audio. Me contó de un antiguo novio que la hacía escuchar un libro terrible en el largo camino desde el sur hasta el norte. Sabía, escuchando ese libro, que la relación no iba a terminar bien. Hablamos sobre cuándo amaba su trabajo, su naturaleza de ritmo acelerado, sobre los demás lugares en el sur en los que había vivido previamente. Estuvo totalmente relajada durante todo el procedimiento, nunca se sobresaltó: la *verbicaína* había funcionado. Y cuando terminamos, dijo, "Sé que probablemente sea raro, pero ¿Hay alguna manera de obtener una copia del ultrasonido?"

"Oh, no," le dije. "No es raro. La gente quiere las imágenes."

"Ha sido usted increíble," me dijo.

"Gracias." Le sonreí. "¿Puede decir eso de nuevo?" le pregunté, bromeando con ella.

Siempre recuerdo, en momentos como este, que los hechos médicos crudos del aborto —el sangrado, el dolor, los calambres, la expulsión de materia a través del canal vaginal— usualmente se toman con tanta ecuanimidad por las mujeres que les buscan. Las mujeres que son estoicas a medida que pasan por este procedimiento sobrepasan por mucho los números de aquellas que se sienten ansiosas o tristes. Las mujeres están acostumbradas a la sangre —la ven cada mes— y la mayoría ha atravesado un parto. La mayoría de los humanos consternados por estas realidades viscerales son los legisladores que mantienen una aprehensión acientífica sobre la sangre femenina y la incomodidad física. Estos suelen ser, en la mayoría, los machos de las especies.

CAPÍTULO 7

Flechas y Lanzas

El domingo 31 de mayo del 2009, justo terminaba mi último día como doctor profesor en ginecología y obstetricia y planificación familiar en el Centro Hospitalario de Washington, D.C., cuando mensajes de texto comenzaron a inundar mi celular. El Dr. George Tiller, uno de los médicos más valientes del movimiento del aborto y un defensor abierto sobre los derechos de la mujer —un hombre al que nosotros en la comunidad de los derechos del aborto llamamos "St. George"— había recibido un disparo a quemarropa, en la frente.

Dr. Tiller era, como yo, un cristiano, y al momento de su asesinato había estado entregando boletines para la misa de ese día en el vestíbulo de su iglesia local, Luterana Reformada, en Wichita, Kansas. Era el Pentecostal —una acción de gozo y agradecimiento a Dios por el regalo del Espíritu Santo— y la misa ya había comenzado, con el coro cantando una canción afroamericana y el pastor líder acompañaba en los tambores. Unos minutos después de las diez de la mañana, Scott Roeder, un extremista anti-aborto con el usuario en línea "SiervodelMesias", entró al vestíbulo con una pistola de mano, se aproximó al Dr.Tiller, y haló el gatillo. Luego corrió al estacionamiento y amenazó a los feligreses que se encontraban allí, luego de huir de la escena en un potente Taurus azul. En la entrada de la iglesia, un ujier intentó RCP en el Dr. Tiller, mientras que otro corrió dentro del santuario, encontró a Jeanne Tiller y la escoltó por el pasillo al lugar donde su esposo de cuarenta y cinco años de casados yacía tumbado sobre su espalda en una piscina de sangre. La parroquia podía escucharla gritar.

En el 2006, como un becario ansioso de primer año en Planned Parenthood, comencé a asistir a las reuniones de la Federación Nacional de Aborto (NAF, por sus siglas en inglés), una asociación profesional para quienes brindan aborto que establece estándares clínicos de cuidado, ofrece educación continua para los doctores, realiza evaluaciones de seguridad en clínicas; y, a través de un donante anónimo, ayuda a subsidiar procedimientos de aborto y costos de viaje para mujeres pobres. En mi primera reunión, me senté al otro lado de la mesa frente al Dr. Tiller en un panel educativo. Su trabajo y valentía eran legendarios, dejándome atónito. Era uno de tres doctores en el país que continuaban realizando abortos de tercer trimestre a pesar del clamor político virulento en contra del procedimiento y los intentos legislativos de criminalizar a los doctores que los realizaban. Él era un veterano, literalmente, de las guerras del aborto y llevaba sus heridas con orgullo. Su clínica, Servicios de Atención a la Salud de Mujeres, en Wichita, sufrió un bombardeo veintitrés años atrás, y en 1993, una terrorista llamada Rachelle Shannon le había disparado al Dr. Tiller en ambos brazos. En un gesto de rebeldía e indignación, el Dr. Tiller regresó a la clínica al día siguiente, sus brazos vendados por sus heridas, y procedió, de manera usual, a realizar abortos. Con afecto y reverencia, los defensores de los derechos de los abortos reconocieron al Dr. Tiller como más que un líder de movimiento: era un gurú, un maestro, un santo. Aún los oponentes, en asombro ante su dureza y rectitud, reconocieron que era un guerrero. Pero toda su experiencia, y toda la admiración del mundo, no pudieron mantenerlo a salvo. El Dr. Tiller fue bombardeado con amenazas tan constantemente que se vio forzado a convertir su clínica en una fortaleza —vidrio a prueba de balas, reflectores, cámaras de seguridad, y guardias de seguridad—. Era difícil creer, al ver al Dr. Tiller al otro lado de una mesa de conferencias ese día del 2006, con sus características benignas del medio-oeste y su barbilla partida, que esta persona tersa fuera objeto de tanta furia. *¡Le dispararon a esta persona por hacer lo que crees que quieres hacer!* pensé hacia mis adentros. ¿Estás seguro de esto?

En el receso me acerqué a él. "Dr. Tiller", comencé a decir, "Sólo quería decirle lo mucho que le admiro y cuánto..."

Tiller me interrumpió. "Espera un segundo", dijo. "Por favor llámame George. No hay necesidad de verte a ti mismo de manera diferente. En este trabajo, todos somos iguales, defendiendo a las mujeres y a lo que sabemos que es correcto." Hasta este día, no sé exactamente a qué se refería cuando me llamó "diferente". Acaso se refería a mi relativa inexperiencia —era novato en este equipo consolidado— o a mi raza, y el hecho de que los doctores de aborto afroamericanos son tan escasos como la nieve en julio, o eso pensaba en ese entonces. (De hecho, siempre ha habido practicantes negros, trabajando desde las sombras, antes a Roe, para evitar el doble estigma de la raza y el aborto.) Cuando me remonto a esa conversación ahora, lo que recuerdo más es su generosidad e inclusión, en hecho de que me daba la bienvenida como un colega viajero, incluso sin aún conocer mi nombre. A través de los años nos hicimos más amigos, saludándonos en reuniones, unidos como sólo los camaradas en las trincheras pueden serlo, y en la clínica de Tuscaloosa donde trabajo, una carta de él cuelga de la pared. "El aborto es una cuestión del corazón", dice. "Puesto que hasta que entendamos el corazón de una mujer, nada más sobre el aborto tendrá sentido en absoluto." Abajo, su firma: *George Tiller.*

Ese domingo, a medida que mi teléfono se llenaba de mensajes y llamadas, mi humor se hundió de exuberante a desolado —un giro emocional que no había sentido desde hace veinte años atrás, al recibir las noticias de la muerte de mi madre. La tristeza y pérdida que sentía eran profundamente personales. Pero algo aún más poderoso coloreó mi luto. En lugar de terror o ansiedad persona, sentí un endurecimiento de mi determinación, una negación a ser intimidado, y una tranquilidad, si puedo llamarle así, sobre lo que había llegado a ver como mi vocación. La muerte del Dr. Tiller hizo las cosas más simples para mí, y más claras: haría lo que sé que es correcto, y no sucumbiría al temor.

En su juicio, Scott Roeder alegó inocencia basándose en un homicidio justificable. En sus ojos, Tiller era asesino. Y en su opinión Tiller merecía morir. Un jurado rechazó esa afirmación. Roeder fue sentenciado a prisión de por vida sin oportunidad de libertad condicional por cincuenta años. El jurado vio a Roeder, correctamente, por lo que era: un terrorista. También era un fanático. He escuchado que el fanatismo se define como dar todo el esfuerzo tras un objetivo descabellado. Si eso es cierto, entonces la determinación consciente es el antídoto de un fanático: es redoblar los esfuerzos tras una meta clara, a pesar del riesgo.

***

Una de las cosas que más me enfurece sobre las guerras del aborto, como son llamadas, es la manera en que los anti-aborto han envuelto su caso en el lenguaje de Dios. Con frases como "pro-vida" y "cultura de vida", los antis han secuestrado la autoridad moral desde hace casi cuarenta años, y la retienen hasta este día, porque los activistas del aborto, las personas que han estado luchando por los derechos de las mujeres, nunca han montado un contraargumento religioso o moral significativo. No importa que cada gran causa justa, desde el aborto hasta el matrimonio igualitario, ha sido librada en términos religiosos, a fin de influenciar o inspirar las almas de los pasivos o indecisos. Creyéndose muy intelectuales, o muy racionales, o de mentalidad demasiado científica como para rebajarse a su nivel, los defensores del derecho a elegir han ignorado la evidencia y la historia. Suponiendo que la religión es una fuerza corruptora y divisiva, la gente progresista humanista no ha brindado una defensa religiosa, ética, espiritual y moral de los derechos al aborto y al hacerlo le han cedido esos argumentos a sus oponentes. Mientras tanto, las tácticas que los anti-aborto han usado por décadas han sido tan explícitamente no-cristianas (y no sólo hablo de los asesinatos, incendios provocados, bombardeos, y otros actos terroristas que han ensuciado al movimiento anti-aborto desde su incepción) que me parece una maravilla que cualquier cristiano creyente formara parte de ellos.

Si se toma la retórica anti-aborto por su valor nominal, sin conocer mucho sobre la Biblia, podría asumirse que los anti-aborto tienen a las Escrituras de su lado. Así de dominante y generalizada ha sido su retórica virtuosa. Pero no las tienen. La Biblia no contiene la palabra "aborto" en ningún lugar. Como documento inspirador, para mí la Biblia está llena de guía sobre justicia y amor. Pero como documento histórico, la Biblia es un registro despiadado e implacable de la misoginia histórica de los pueblos judíos y cristianos originarios. La Biblia fue codificada durante siglos cuando las mujeres eran sólo un poco más valiosas que las cabras u ovejas. Las mujeres eran propiedad, compradas y pagadas en efectivo, como animales de granja y bienes domésticos. La menstruación, el evento fisiológico que ocurre mensualmente en mujeres de edad fértil, entonces era vista como una deshonra, una contaminación: la Biblia ofrece muchas reglas respecto a la separación de las mujeres de sus comunidades y familias durante sus períodos menstruales y los rituales de purificación que les eran requeridos a ellas posteriormente. De manera similar, la Biblia ofrece muchas reglas insignificantes sobre las condiciones bajo las cuales una mujer puede tener sexo —es decir, nunca, excepto con su único esposo, quien puede tener más de una esposa— y las instancias en las que podría ser ejecutada (¡apedreada!) por violar estas reglas. En la palabra de la Biblia, tener muchos hijos era el trabajo más importante de una mujer; la infertilidad era vista como un motivo para vergüenza y humillación perpetua —e incluso la separación de Dios—. Aún en el contexto cultural antiguo, sin embargo, el aborto nunca es mencionado. El único momento en que la Biblia Hebrea alude a algo como el aborto es en el Libro del Éxodo, que expone la siguiente hipótesis: Si dos hombres pelean y un hombre accidentalmente lastima a la mujer embarazada del otro hombre, y si el resultado de ese percance la mujer pierde el embarazo, el agresor debe pagar al esposo una multa. (En el evento que el agresor accidentalmente matase a la esposa del hombre, entonces él mismo debe ser matado). La muerte de un feto se considera una pérdida pero no un crimen capital. A través de las escrituras judías, un feto se convierte en humano cuando —y sólo cuando— ha emergido del canal natal. El Nuevo Testamento valora el matrimonio, la pureza sexual y el ascetismo. Pero no habla sobre abortos en lo absoluto.

Cuando crecía en las iglesias fundamentalistas del sur, el tema del aborto nunca fue predicado desde púlpito. Los pastores predicaban sermones de fuego y azufre en contra de la promiscuidad sexual e infidelidad. Era común, en las iglesias de mi infancia, arrojar a las mujeres al papel de la tentación. Desde el Jardín del Edén, la mujer ha engañado al hombre y le ha conducido a la Desgracia, mientras que el hombre —recuerdo encontrar esto injusto, aún de niño— podía derogar su responsabilidad. *Ella me tentó,* podía decir el hombre. *Todo lo que yo hice fue comer.* En la cultura en la que yo crecí, este era el acuerdo subyacente, que por su sexualidad, las mujeres tenían poderes malévolos y no eran emocionalmente estables, y la doble moral se extendía a nuestro entendimiento del sexo: puede que cualquier persona no cumpla las expectativas de Dios sobre la pureza y fidelidad, pero las chicas eran puestas a cargo de resguardar la línea de Dios, y eran las que se castigaban cuando triunfaba la lujuria, dominación, impaciencia o aburrimiento.

A pesar de que la cultura religiosa en la que crecí era misógina y consideraba la sexualidad de las mujeres vergonzosa, el aborto no era algo con lo que nos preocupábamos. Hasta los 80s, el aborto era visto como un asunto legislativo, político y no religioso. De hecho, la gente en la comunidad negra del sur frecuentemente hace la broma que si quienes dicen haber marchado con el Dr. King realmente lo hubieran hecho, ¡el movimiento hubiera terminado mucho más pronto! "Por lo tanto, dad al César lo que es del César", se dirían los amigos de mi madre entre sí, lo que significaba, mantén tu cabeza baja, ocúpate de tus asuntos, y deja que otros se preocupen de la política. Incluso cuando, de adolescente, encontré a Jesús, el énfasis en el evangelio de la prosperidad que aprendí del Pastor Mike era sobre auto-mejoramiento y logro —y en las glorias y abundancia disponibles para cada individuo a través de Dios. Todas las iglesias y personas que conocía bien eran, como sus hermanos y hermanas conservadores a lo largo de la nación, explícita e intencionalmente apolíticas.

En los años antes de Roe, los republicanos —no los demócratas— eran los defensores más abiertos de los derechos de los abortos. La planificación familiar y control poblacional fueron asuntos republicanos —ambos arraigados en las prioridades de pequeño gobierno y derechos individuales del establecimiento de derecha y también en algunos casos intentos más maliciosos de élites blancas de afectar la reproducción entre estadounidenses de piel más oscura. En 1970, el gobernador de Nueva York, Nelson Rockefeller, firmó un decreto legalizando el aborto en Nueva York. Dos años después, su hermano mayor, John D. Rockefeller III, trabajando como designado por el Presidente Richard Nixon, hizo un llamado para mejorar el acceso a los anticonceptivos y la liberalización de las leyes del aborto. George Herbert Walker Bush apoyó prolongadamente a Planned Parenthood, habiendo patrocinado y apoyado el Título X, el financiamiento público de anticonceptivos para mujeres indigentes —hasta 1990, cuando estaba siendo considerado para ser vicepresidente al lado de Ronald Reagan. El derecho al aborto legal y seguro era tan atractivo para los republicanos porque iba de la mano con ciertos ideales conservadores muy queridos: libertad de intervención gubernamental en la toma de decisión personal, y libertad de buscar el Sueño Americano —dar a cada individuo la oportunidad de diseñar su propio futuro.

No es que le prestara atención a nada de esto. Era un niño y entonces, como adolescente, estaba de puerta en puerta distribuyendo tratados que prometían salvación a través de Dios. Para los cristianos, la elección de 1980 lo cambió todo. A finales de los setentas, una pequeña pero poderosa alianza de protestantes, católicos y estrategas políticos con la intención de colocar a Ronald Reagan en la Casa Blanca idearon un plan cínico. Al enmarcar el aborto como la amenaza más importante en un asalto secular más amplio a los "valores familiares" —y usando una retórica de la "santidad de la vida" tom ada directamente del catecismo romano católico— un grupo de lo que eran básicamente burócratas se dieron cuenta de que podían movilizar a los votantes conservadores del cinturón bíblico, millones de ciudadanos que anteriormente habían sido políticamente pasivos y que consideraban las urnas como profanas. La cara pública de esta alianza fue una organización llamada la Mayoría Moral, liderada por un pastor cristiano fundamentalista de Virginia llamado Jerry Falwell, que combinó la religión con la política predicando que el aborto era asesinato, y que el deber moral de un cristiano bueno y creyente era declararse a sí mismo o misma ser "pro-vida". Fue, quizá, la campaña de mercadeo más exitosa jamás lanzada en la esfera política, creando legiones de votantes sobre un solo asunto que estarían de pie en las filas de votación bajo cualquier clima para elegir candidatos pro-vida.

Las políticas anti-aborto se convirtieron, en un instante, parte de una visión mundial "tradicional", enfocada, ante todo, en revertir Roe. Pero no era sólo Roe: la Mayoría Moral y sus aliados odiaban la homosexualidad, la paternidad única, la pornografía, el feminismo y legiones de otros males seculares. Los antis buscaron al fondo de sus Biblias y descubrieron la "prueba" para sus creencias anti-aborto, más notablemente un verso previamente oscuro del Libro de Jeremías, el cual parece decir que "una persona" existe en el útero incluso antes de la concepción, aún antes de la unión del esperma y el óvulo. *Antes de formarte en el vientre, ya te había elegido, antes de que nacieras, ya te había apartado.* Esta comprensión de la concepción es un entendimiento religioso. Pero fue promulgado ampliamente como verdad secular.

Casi de la noche a la mañana, halar la palanca a favor del candidato republicano se convirtió en la manera "cristiana" de emitir un voto por "la vida", y a favor de la manera en que el Dios de la Biblia decía que fueran las cosas. Millones de cristianos salieron en tropel a las urnas, eligiendo a Ronald Reagan en una victoria arrasadora —siendo su razón secundaria (pero no menos explícita) el colocar a un presidente pro-vida en la Casa Blanca quien nombraría a jueces de la Suprema Corte que revertirían Roe. Las mujeres —y especialmente las mujeres pobres, que usan desproporcionadamente las clínicas de aborto— fueron el daño colateral de esta campaña política, pintadas como asesinas descuidadas y descorazonadas sin consciencia, responsabilidad personal o corazón. "El aborto en demanda ahora toma las vidas de hasta un millón y medio de niños no nacidos al año," dijo Ronald Reagan en 1983 a punto de ser reelegido, abrumadoramente, por un segundo término. "La legislación sobre la vida humana que termine esta tragedia algún día pasará el Congreso, y ustedes y yo no debemos descansar jamás hasta que lo haga." Y por los siguientes doce años, los republicanos contaron con movilizar a estos votantes conservadores simplemente alzando la posibilidad de que sus "valores familiares" estaban bajo ataque.

Aún en mis momentos más fundamentalistas, esta no era una cristiandad que reconocía como mía, comenzando por el hecho de que casi cada madre que conocía era madre soltera, incluyendo más importantemente a la mía propia, lo cual argumentaba a favor de una definición más amplia de los valores familiares. Además, el Dios del que aprendí del Pastor Mike era uno de esperanza y trascendencia —de gozo puro—. Mi Dios era ambicioso para mí. Yo sabía con seguridad que a Él no le importaba si yo era pobre, o negro, o si nací en dificultad. Él no quería que fuera algo diferente de lo que soy, y Él quería amarme para que pudiera florecer y prosperar, tanto material como espiritualmente. Admito que en su momento tomé la Palabra literalmente, por tanto creía de joven que, a través de Jesús, Mike podía expulsar los demonios y sanar a los enfermos, y emulé la castidad de Jesús lo mejor que pude. Como estudiante universitario en Berea adopté la rigidez de mis hermanos y hermanas cristianos, y mantuve la pureza sexual como el ideal último. Pero aún en la universidad, la visión absolutista que el denominado derecho religioso estaba siendo promovido como verdad me hubiera irritado.

Mi inclinación a sentirme en el "exterior" de este movimiento cristiano conservador tenía que ver, por supuesto, con el ambiente en el que fui criado. El movimiento anti-aborto fue lanzado y promulgado mayormente por gente blanca, causando en mí una náusea y odio primario que creo es la respuesta razonable de alguien que creció entre pares que cargaban en sus cuerpos la memoria de los linchamientos y el terrorismo del Ku Klux Klan. Muchos de mis vecinos y parientes resistieron el trauma real de esta violencia, y lo repudié visceralmente. "Mi hermano fue cortado por hombres blancos y alimentado a los cerdos," solía contarme mi abuelo, "porque nunca nadie encontró su cuerpo." El asalto en las clínicas de aborto que comenzó a finales de los setentas y que continúa hasta este día no es nada menos que ataques terroristas, dirigidos a personas indefensas —mujeres en necesidad y las personas que han decidido de buena consciencia ayudarlas— incitados y permitidos por el lenguaje y cultura de odio que los antis han cultivado. Ha habido más de doscientos ataques a través de incendios provocados y bombardeos de clínicas de aborto desde que la Corte Suprema emitió su sentencia sobre Roe. Más de seiscientas cartas falsamente pretendiendo llevar anthrax fueron enviadas a clínicas entre 1998 y 2002. Once personas, incluyendo cuatro doctores, han sido asesinadas por su afiliación con este trabajo, el cual es legal. Y la mayoría de estos crímenes fueron cometidos en el nombre de Dios.

Al inicio de los noventas, cuando aún era un residente médico soterrado de trabajo y cuartos de parto en Cincinnati, Ohio, miles de manifestantes contra el aborto asediaron las tres clínicas de aborto en Wichita, Kansas. Bajo la dirección de un equipo de guerrilla anti-aborto llamado Operación Rescate, en una iniciativa llamada El Verano de la Misericordia, los manifestantes tomaron un interés particular en la clínica del Dr. Tiller. Cada día durante seis semanas, comenzando a las siete de la mañana, descendían en Servicios de Atención a la Salud de la Mujer y gritarían oraciones, cantaban himnos y vociferaban a las pacientes. "¡No asesines a tu bebé!" gritaban. Sosteniendo rótulos que decían, ¡ACÁ SE ASESINAN BEBÉS!, se aglomeraban en las puertas de las clínicas y se sentaban, por horas, leyendo las Escrituras en voz alta, impidiendo cualquier entrada o salida de la clínica misma. En algún punto, el personal de la clínica estuvo encerrado adentro, incapaces de irse por treinta y seis horas. Los manifestantes se encadenaron a la cerca fuera de la clínica del Dr. Tiller, se desmayaban, se arrastraban y se tiraban al suelo. La policía montada llegó para controlar la escena y los manifestantes se lanzaron bajo los caballos, forzando a los oficiales a arrastrarlos fuera del lugar. Durante las protestas de Wichita, dos mil setescientas personas fueron arrestadas y todas las tres clínicas en la ciudad tuvieron que ser cerradas temporalmente.

La violencia desencadenada por El Verano de la Misericordia llevó a una nueva legislación federal, llamada la Ley del Libre Acceso a las Entradas de Clínicas, el cual prohíbe a los manifestantes el impedir a las mujeres la entrada y salida de las clínicas. Y también llevó al aumento en la protección para pacientes y empleados de las clínicas, con organizaciones de derechos del aborto enlistando miles de voluntarios con chalecos naranjas para escoltar a las mujeres a través de las puertas de las clínicas. Estas medidas han ayudado, y el volumen de las protestas en las clínicas se ha calmado algo desde su apogeo. Pero en mi carrera brindando abortos, he trabajado en once clínicas, y nunca he —ni una sola vez— entrado a mi lugar de trabajo sin ser verbalmente atacado y acosado por personas que ven como su papel divino el interferir conmigo y mi trabajo, y cuestionar mi fe cristiana y el juicio de mis pacientes. Tuve mi primera experiencia realizando una entrada de este tipo incluso antes de que fuera, en cualquier capacidad oficial, un doctor de abortos. Fue cuando fui entrevistado para la beca de salud reproductiva en la Universidad de Michigan. Para llegar a las oficinas administrativas de la clínica de Planned Parenthood en Ann Arbor, tuve que conducir entre manifestantes a los lados de la calzada, tranquilamente sosteniendo rótulos que decían, ¡PLANNED PARENTHOOD MATA BEBÉS! Este fue un abrupto despertar, viniendo de Hawaii, uno de los primeros estados en el país en legalizar el aborto. Ya que este comportamiento era tan extraño para mí, me alteré más debido a estos mansos manifestantes de lo que hubiera estado. (Me di cuenta de esto luego de haber visto mucho peores.) Una vez que tomé mi residencia en Ann Arbor, conduje entre estas personas sin prestarle atención. Usualmente, entraba a la clínica por la puerta trasera, lo cual me brindaba más prevención y seguridad. A veces, sin embargo, entraba por la puerta frontal. Esto era seguro para mí, también, en ese momento. Por un lado, aún no era visible en el movimiento de justicia reproductiva. Y por el otro, soy negro. Debido al color de mi piel, ninguno de los manifestantes a los lados de la acera asumió que era el doctor que realizaba los abortos. Asumían, en su lugar, que era el novio irresponsable que había embarazado a alguien. Bromeaba con mis amigos: "Nunca soy el doctor, sólo otro 'papá del bebito'— uno prolífico, ¡Ya que estoy en la clínica cada semana!"— Peor aún: los manifestantes asumían que probablemente estaba forzando a una mujer a tener un aborto en contra su voluntad. Uno de ellos una vez llamó a través de la cerca, "¡Señor! ¡Señor! ¡No hagas que tu esposa mate a tu bebé!"

Dentro de las clínicas, intentábamos, de manera mórbida, de bromear sobre nuestros manifestantes. Son regulares, y se han vuelto tan familiares para nosotros que los conocemos por su primer nombre; la diligente intensidad con la que realizan su misión —tomando fotos de todos los que entran y salen de la clínica, incluyendo al niño que entrega las alitas de pollo picantes en Montgomery— lo que sería cómico si sus protestas no estuvieran tan arraigadas en el odio, manchadas con la implicación de violencia. La persona que maneja esa clínica en Montgomery, June Ayers, fija el tono siendo valiente hasta los huesos y, al mismo tiempo, manteniendo un espíritu ligero. Sus empleados y pacientes se benefician, de igual manera, de su generosidad y calidez natural.

Mi política, en general, es no interactuar con los manifestantes — para no darles poder mostrándoles mi furia—. ¿Qué ganaría? Por dieciocho meses, trabajé en Asociados de Planificación Familiar en Chicago, donde había un manifestante regular llamado Brian. Él llegaba todos los días que yo estaba en el programa, a veces hasta a las seis treinta de la mañana, a veces en clima helado bajo cero. Él se paraba afuera de la entrada, fumando un cigarrillo en cinco pies de nieve, y cuando caminaba a la puerta de la clínica desde mi carro, me gritaba lo mismo, todos los días. "¡Negro sucio abortista!", decía. Usualmente bajaba la cabeza y trataba de evitar los problemas, creyendo que estos manifestantes irracionales no valen un minuto de mi tiempo o una onza de mi energía. Pero un día, agotada mi paciencia, caminé hasta Brian y lo miré a la cara.

"¿Qué de mi realidad te molesta más?" le pregunté. "¿Es que soy un 'Negro', como lo llamas? ¿O es que realizo abortos?"

"Que hagas abortos," contestó rápidamente.

"¿Entonces porqué tienes que referirte a mi raza?"

Tuve que reírme. He aquí un hombre para el cual había una cosa peor que ser negro —y eso era realizar abortos a mujeres que los necesitaban.

Trato, si puedo, de ver la humanidad aún en las personas que me odian por lo que hago. En la Organización de Salud de la Mujer de Jackson, también conocida como la Casa Rosa, hay una manifestante regular llamada Esther. Ya que estamos en el Sur, incluso los rivales comprometidos se dirigen entre sí formal y respetuosamente. Manteniendo nuestra amabilidad sureña, nos referimos a ella como "Miss Esther". Es una mujer mayor blanca, ligeramente obesa, con un grueso acento de Mississippi. A ella le gusta gritarme a través de la cerca de hierro atrás de la cual se para y me aconseja que voy a ir al infierno. Usualmente no interactúo con ella, pero, de nuevo, un día lo hice. "No creo que esté interesada en hablar conmigo" le dije. "Creo que está interesada en hablar *hacia* mí". Le dije lo que creía, que las Escrituras no prohíben el aborto. Ella me dijo que no estaba leyendo las Escrituras bien.

"No hay una interpretación 'correcta' de las Escrituras", le contesté. Luego Miss Esther dijo que esperaba que yo no pensara que ella estaba siendo malvada, y oró que algún día comience a practicar la medicina "legítima". Le agradecí por su tiempo.

***

No todos los encuentros son tan civilizados. En los primeros meses del 2016, recibí mi primera amenaza de muerte explícita. Era hora del almuerzo. Comía algo que compré para llevar en mi escritorio, sin pensar particularmente en nada. Hace poco sabía que las personas que no son tus "amigos" en Facebook pueden enviarte mensajes que son almacenados en una carpeta separada, y estaba navegando esa carpeta, curioso de saber simplemente quién podría haberme contactado. Y allí encontré un mensaje que tenía más o menos tres semanas. "Sé quién eres", decía. "Sé dónde vives. Si piensas que matar bebés es aceptable, estás FATALMENTE equivocado. Estás en mi radar ahora. Te estaré observando." El remitente obviamente había creado una página de Facebook con el fin explícito de amenazar mi vida, y recuerdo pensar, tan claro como el día, *Esta es una amenaza de muerte.* Y luego, mi segundo pensamiento: *¿Por qué no estoy aterrorizado?* Contacté a Facebook y al jefe de seguridad en la Federación Nacional de Aborto, quien contactó a las fuerzas de seguridad y al FBI. El incidente era desconcertante, pero intenté desentenderme de él. Esas tres semanas que transcurrieron entre la redacción del mensaje y mi descubrimiento me reconfortaban. Hasta ahora, había decidido no contratar detalles de seguridad o comprar un chaleco antibalas, sintiendo que si llego al punto donde estoy más preocupado por mi vida que por los derechos de las mujeres, dejaría de realizar abortos del todo.

La verdad es que el progreso por los activistas del derecho al aborto sólo estimula el hambre de confrontación de los antis. Un domingo en junio del 2016, el día antes de que la Corte Suprema emitiera sentencia a favor de la clínica texana de Salud Integral de Mujeres, reafirmando que al restringir el acceso a las clínicas de aborto, las leyes TRAP aprobadas por el Estado de Texas constituían una "carga indebida" sobre las mujeres que buscan abortos legales, un grupo de manifestantes apareció para "orar", como lo llaman, frente a la puerta de mi hogar en Birmingham. No sé cómo obtuvieron mi dirección. Afortunadamente, no estaba en casa ese día. En anticipación a la decisión de la corte, estaba ya en camino a Washington, D.C. Pero frente a mi casa, en la cuadra tranquila donde vivía, con una iglesia progresista al final de la calle y un restaurante de cuatro estrellas a poca distancia, los antis hicieron campamento y se quedaron allí todo el día. Contaron rosarios y se pusieron de rodillas. Y sostuvieron carteles en lo alto. Uno de ellos decía, WILLIE PARKER LE HACE ESTO A LOS NIÑOS, sobre una imagen sangrienta de un feto desarticulado que parecía como carnicería de una película de guerra.

Todos los que me aman se preocupan por mi seguridad "todo el tiempo", como lo dice mi hermano más joven, Steve. Earnestine siempre espera un mensaje de texto mío cuando estoy viajando, seguridad constante de que estoy sano y salvo. Muchos otros —

amigos, amantes, empleados, colegas— me han rogado tomar medidas de precaución más agresivas, y es una profunda frustración a ellos que me rehúse. No es que tome sus preocupaciones a la ligera, pero creo que no se debe negociar con terroristas; no hay que ceder ante el miedo. En su lugar, desvío su preocupación con una broma: no necesito un chaleco, les digo. Mi mejor protección es el yo regular de todos los días. Camino en plena vista porque nadie en la Tierra espera que un hombre negro grande y calvo en suéter y gorra de béisbol sea doctor en absoluto, menos aún uno de los últimos doctores de abortos en el sur. Pero la respuesta seria a su preocupación es esta: He dimensionado el riesgo en mi mente. Trato de confrontar el riesgo real, y lidiar con eso, no con el riesgo hipotético. Tomo las precauciones razonables que puedo sin suspender mi vida. Nunca doy mi dirección postal o mi correo a desconocidos. Y cuando llego al trabajo, parqueo mi carro en un lugar diferente cada vez: parece prudente no anunciar la marca y modelo de mi carro.

Hay otro elemento filosófico a mi análisis de riesgo y beneficio. Todos los héroes de mi vida han sido acosados, o golpeados, o atacados por su postura virtuosa sobre los derechos humanos, especialmente derechos civiles, y veo el trabajo que mis colegas y yo hacemos como similar al de ellos. Cuando el trabajo que realizas es peligroso, revolucionario, o que altera la vida de las personas, realmente no tiene sentido, para mí al menos, hacerlo de manera clandestina. Entendí que al emprender este trabajo, estaría en el ojo público y por lo tanto en la vía del peligro, así que antes de comenzar a realizar abortos a tiempo completo, consideré todos los riesgos, incluso los hipotéticos, para ganar un nivel de comodidad psicológica: podrían dispararme, o atacado en la fila del almuerzo, o amenazado en el teléfono, o que bombardeen mi casa o carro. Habiendo considerado cuidadosamente cada una de estas posibilidades en mi mente, fui capaz de encontrar un lugar para la tranquilidad. La verdad es que puedes despertar un día y electrocutarte con el molino del café. Hay riesgos con todo, y es un hecho que todos vamos a morir. Como dice el evangelio, "Nadie sabe ni el día ni la hora." Entonces lo único sobre lo que tienes elección es cómo vivirás. Y he elegido vivir de acuerdo a mis principios y tratando de hacer una diferencia. No me equivoco en absoluto sobre la importancia del trabajo que realizo brindando abortos. Y eso me deja muy satisfecho.

El Dr. King lo dijo. Y Malcolm X lo dijo. Hay peores destinos que la muerte. Una vida sin propósito sería para mí una vida que no vale la pena vivir. No tengo deseo de morir prematuramente, pero estoy más decidido a evitar una muerte de espíritu que evitar un daño por mi decisión de respetar y honrar a las mujeres, a ayudarles a lograr sus metas y preservar su dignidad.

Al mismo tiempo, sólo soy humano. Aunque estoy seguro de mi llamado —estoy bien conmigo mismo, moralmente, y me he adaptado a vivir bajo un tipo de estrés único— experimento un escalofrío involuntario cada mañana cuando llego al trabajo, apago la llave, y noto a David o Brian o Doug, tres hombres diferentes defendiendo el mismo sistema patriarcal en tres estados diferentes, al otro lado del estacionamiento y veo las pancartas sangrientas y los lentes de cámara, y escucho voces ásperas de hombres blancos gritándome. Me han dicho que doy una apariencia relajada, como un monje en mi comportamiento, pero no soy un mártir o santo. La verdad al desnudo es que me indigna diariamente que tenga que vivir con esta amenaza, que la implicación de la violencia ha sido normalizada. Es aún más indignante para mí que las mujeres a las que sirvo enfrentan amenazas aún peores que estas.

La amenaza de la violencia alrededor de la práctica de la atención de aborto es tan incansable y desconcertante que incluso doctores con buenas intenciones me han persuadido de no tomar el riesgo. Uno de mis colegas, una doctora llamada Diane Horvarth-Cosper, una médico joven y reciente madre que trabaja realizando abortos en Washington, D.C., se impactó al descubrir en un sitio anti-aborto una foto de ella misma y su hija de un año junto a un mensaje que claramente implicaba que ella estaba en la mira de fuerzas en contra del aborto. Y cuando comenzó a abogar por el derecho al aborto, y los peligros que enfrentan quienes realizan abortos, sus jefes le prohibieron hacerlo —no querían llamar atención adicional e indebida a la práctica de aborto de su hospital—. Entonces Diane, quien es valiente y comprometida, presentó una demanda civil y llamó a Doctores de Salud Reproductiva, una organización de abogacía liderada por médicos de cuya junta yo presido, para ver si podrían darle algo de apoyo y guía, y ahora ella habla regularmente sobre los activistas anti-aborto que hicieron amenazas implícitas en contra de su hija de un año. Pero la Dr. Horvath-Cosper es la excepción, no la regla. Más y más doctores se retiran de este estrés que quienes lo aceptan.

Los programas de residencias en ginecología obstétrica de Estados Unidos cada vez más comienzan a ofrecer atención de aborto como un componente de su educación de medicina. De los residentes capacitados, la gran mayoría elige no realizar abortos sin debatirlo mucho —prefiriendo referir sus pacientes a alguien como yo en lugar de vivir bajo la sombra de incomodidad y riesgo constante. El terrorismo de los antis en el nombre de Cristo por lo tanto ha tenido el efecto deseado. Décadas de tiroteos y bombardeos y gritos y manifestaciones se traducen en una disminución en el número de doctores dispuestos a realizar abortos. En 1981 habían 2,900 doctores que brindaban abortos y sólo 1,720 en el 2011, un declive del 41 por ciento, y el número de doctores dispuestos a admitir que hacen abortos es aún menor. Este es el estado de las cosas, aun cuando el Colegio Estadounidense de Obstetras y Ginecólogos, la organización profesional que nos representa, apoya el acceso al aborto seguro, y la gran mayoría de ginecólogos obstetras están a favor del derecho a elegir.

***

La verdad es que nadie quiere que sus hijos vayan a la escuela o a la iglesia y que les digan nombres o se les provoque por el trabajo que hacen. Mi amiga Gloria Gray, quien es dueña y maneja la clínica de aborto en Tuscaloosa, Alabama, fue criada en la iglesia —"No fuiste a ningún lugar si no fuiste a la iglesia", me decía— y se ha dado cuenta que al avanzar en edad, su mundo se ha hecho cada vez más pequeño: pocos de sus antiguos amigos y vecinos le hablan. Muy pocas personas quieren vivir como yo, un soltero, errante —una decisión consciente que he hecho a fin de no cargar la responsabilidad de colocar a otros en una posición de peligro—. Elegí no comprar la casa al lado de mi hermano Fred cuando estaba disponible —Porque, ¿Qué pasa si su cada se quema cuando bombardeen la mía? ¿O qué tal si un autodenominado cristiano armado con una pistola lo confunde conmigo?— Él es más alto que yo, pero en muchos sentidos nos vemos igual.

Sabemos, por la experiencia durante la época oscura antes de Roe, que las mujeres con la intención de terminar sus embarazos encontrarán una manera. De acuerdo al Instituto Guttmacher, hubo más de un millón de abortos auto-inducidos e ilegales por año durante los cincuentas y sesentas —aproximadamente el mismo número de abortos legales al día de hoy. Pero la tasa de muerte y lesiones eran muchísimo más altas. Las complicaciones por aborto fueron listadas como la causa oficial de muerte en 2,700 mujeres en 1930, un número que probablemente sea discreto, ya que muchos doctores y forenses mintieron para proteger la reputación de familiares. Además, muchas mujeres tuvieron heridas espantosas debido a abortos auto-infligidos o amateur. Ganchos de ropa, agujas de tejer, o bombas de bicicleta fueron insertadas en sus úteros, resultando en desgarramiento, hemorragias, infecciones y embolia. La tasa de muertes por abortos ilegales disminuyó en las décadas antes de Roe —no porque hubieran menos mujeres que buscaran terminar sus embarazos, sino por el uso generalizado de antibióticos efectivos. Las mujeres buscarán los abortos ya sea que legales y seguros o no —aun arriesgando sus propias vidas.

En la medida en que los doctores de aborto son impulsados a esconderse, y los médicos de primera son persuadidos de no emprender este trabajo, el número de charlatanes y predadores aumentará. En el 2010, el FBI hizo un cateo a una a la clínica de aborto de un doctor llamado Kermit Gosnell, cuyas prácticas ilegales e instalaciones insalubres llevaron a innumerables hospitalizaciones así como la muerte de una mujer, llamada Karnamaya Mongar, quien recibió una sobredosis de un opioide analgésico. Las condiciones en las que el FBI encontró la clínica de Gosnell fueron espantosas. Había manchas de sangre y orina en todos lados, y pacientes semiconscientes yacían en reclinables sucias bajo sábanas sangrientas. Un gato plagado de pulgas merodeaba la clínica libremente, dejando heces en el piso. Había restos fetales almacenados en cajas de jugo y contenedores de comida de gato. De acuerdo al testimonio en su juicio, Gosnell realizaba abortos regularmente después de las veinticuatro semanas, más allá del límite legal en Pennsylvania, y sus empleados le contaron a las autoridades que bebés nacidos con vida habían sido asesinados cuando Gosnell les cortó su espina dorsal con un par de tijeras.

Gosnell cobraba de 25 a 40 por ciento menos que las clínicas de Planned Parenthood a menos de cinco kilómetros, y algunas de las mujeres que buscaron su atención lo hicieron, dijeron, porque no tenían ningún lugar más adonde ir. Ya sea que no podían pagar la tarifa de $500 que su Medicaid no pagaría (gracias a la enmienda Hyde), o habían retrasado su decisión hasta que era demasiado tarde, y Gosnell hacía abortos en cualquier etapa. Gosnell se hizo indispensable porque era el último, terrible recurso para chicas jóvenes que no pudieron obtener permiso de sus padres y para gente demasiado pobre para pagar por un doctor legítimo. A la edad de setenta y dos años, Gosnell recibió una sentencia de por vida sin posibilidad de libertad condicional.

Gosnell es lo que sucede cuando el aborto se vuelve muy difícil de obtener, y cuando la ocupación misma —quien brinda abortos— es muy reprochable socialmente para que cualquier doctor joven e idealista la realice. No hay excusa para Kermit Gosnell, quien fue un criminal y abusador inhumano de mujeres. Pero es un impulso para las fuerzas anti-aborto, porque sus crímenes horrorosos nos ensucian a todos aquellos que nos tomamos este trabajo con seriedad y lo hacemos habilidosamente y bien.

Los doctores como Gosnell con capaces de surgir porque la cultura de intimidación asusta a los médicos buenos y valientes. En las secuelas de la muerte del Dr. Tiller, los proveedores de abortos entraron en un agudo nerviosismo colectivo. Fueron forzados, muy razonablemente, a buscar en sus almas —puesto que frente al asesinato a sangre fría, el riesgo que toman cada día fue revelado como algo indiscutible. *¿Vale la pena?* se preguntó la gente. *¿Me atrevo a continuar?* La comunidad de quienes brindan abortos, usualmente muy unida, se volvió silenciosa, y me preocupé que el silencio estuviera permitiendo una cámara de eco del miedo. Así que, en un esfuerzo para calmar y animar a mis colegas, esperando compartir con ellos la lección del alma que recibí de la historia del Buen Samaritano y algo de la tranquilidad que sentía, publiqué una carta en una lista del servidor de la Beca de Planned Parenthood. El miedo y el valor "a menudo son enmarcados como dos polos opuestos, pero de hecho yo los he experimentado como complementarios," escribí. El miedo

—el miedo del pastor y del levita— es racional, saludable, y de auto-preservación. El valor, por otro lado, "tiene que ser elegido y tomado. A menudo vemos el miedo y dejamos el valor, cuando deberíamos hacer lo opuesto: dejar el miedo y tomar el valor." Buscando consolar, compartí con mis colegas un correo que el mismo Dr. Tiller había escrito y distribuido ampliamente hace unos seis años atrás.

Él escribió: "Estar involucrado en un Armagedón filosófico, como la esclavitud y el aborto, añade dimensión a la existencia propia, cristaliza las prioridades vitales, y agrega claridad al propósito de la existencia. La idea es estar en el propósito, pero sin vivir completamente por ese fin ni morir diariamente por su causa."

En mi nota a mis colegas, llamé a mi propio mentor espiritual, el Dr. King, para ayudarme a magnificar las palabras del Tiller. El daño a cualquiera que conoces basado en lo que tienen en común es motivo para hacer una pausa, expliqué. Pero para mí, la ejecución de. Dr. Tiller sirvió como un llamado para levantarse, no un llamado a despertar. Cuando el Dr. King aludió a las amenazas de muerte durante el boicot del bus de Montgomery, él describió los llamados incesantes a su hogar. "Negro," dijo uno de los que llamaron, "ya estamos cansados de ti y de tu desastre. ¡Y si no sales de este pueblo en tres días, te vamos a volar los sesos y hacer volar tu casa!" El Dr. King tenía un bebé recién nacido en casa en esos días, y recordó que, en el momento de crisis, la voz de Dios fue tan audible para él como siempre. "Levántate a favor de lo que es correcto, defiende la justicia, defiende la verdad. Y yo estaré contigo, hasta el fin del mundo". Esa respuesta parecía relevante en la lucha ante nosotros.

Nunca sabré lo que pensaron aquellos que estaban en desacuerdo conmigo. No compartieron sus respuestas. Pero sí sé que recibí muchas expresiones personales de gratitud por mi carta. Practicantes colegas me dijeron, en privado, que estaban menos atemorizados e intimidados luego que pusiera el incidente en perspectiva para ellos. Más aún, pienso que el compañerismo de los valientes —no hay otra manera de describirlos— practicantes de abortos simplemente apreciaron mi articulación del cálculo que debemos tomar en cuenta. La pregunta con la que todos nos enfrentamos luego de la muerte del Dr. Tiller es esta: ¿Cómo avanzamos ahora, entendiendo que el riesgo de muerte es real? Debe ser el mismo sentimiento que los soldados tienen al ir a la batalla. Saben que en el conflicto las personas morirán, y que yendo a la primera línea de batalla el riesgo es directo. ¿Cómo se pone eso en perspectiva? Fui capaz de hablar la verdad en una manera no que desafiaba la lógica sino que ponía al miedo en su lugar. El miedo es una respuesta racional a un evento tal, y visto de esa manera, como el opuesto de la valentía, puede ser fortalecedor.

En recientes años, una nueva generación de médicos y otros proveedores de atención de abortos han salido al frente, personas que priorizan la capacitación y el acceso al aborto más allá de sus preocupaciones por seguridad y riesgo. No hace mucho, los únicos doctores que brindaban abortos eran los que vivieron a través de los años antes de Roe y vieron de primera mano las consecuencias desastrosas del aborto ilegal. Como resultado, los doctores de abortos eran de edad avanzada, y nadie llegaba a reemplazarlos. Afortunadamente, esto está cambiando. Gracias al mismo programa de Planned Parenthood bajo el cual me eduqué, ahora hay literalmente cientos de doctores con la pericia para realizar abortos quirúrgicos de hasta veinticuatro semanas. También, el Programa Ryan, nombrado en honor al notable ginecólogo y educador médico Dr. Kenneth Ryan y lanzado en la Universidad de California, San Francisco, en 1999, proporciona fondos y apoya a cualquier programa de residencia de ginecólogos obstetras que quieran incorporar la atención de abortos en su entrenamiento regular —con la meta de hacer al aborto una parte integrada de la salud de las mujeres y no una pista profesional separada. En 1993, el Colegio Estadounidense de Obstetras y Médicos cambió sus lineamientos y reafirmó su posición de considerar al aborto un componente núcleo en la salud de las mujeres; como consecuencia, los estudiantes médicos comienzan a insistir que las residencias de ginecología obstétrica a las que aplican ofrezcan educación en abortos. Los doctores de práctica familiar, enfermeras practicantes, enfermeras —todos— comienzan a demandar que la educación de abortos esté más ampliamente disponible para ellos y no contenida sólo dentro de la especialidad de ginecología obstétrica. Todos estos son esfuerzos para normalizar y remover el estigma de la práctica de atención de abortos para que una persona que brinde abortos sea tan indistinta como cualquier otra elección profesional.

CAPÍTULO 8

Predicando la Verdad

En el 2006, mientras aún seguía en Michigan, la Federación Nacional de Abortos me pidió ayudar a escribir una carta protestando en contra de la Enmienda Hyde reomendando que fuese revertida por orden ejecutiva. Contrario a la creencia popular, la Enmienda Hyde no es una ley federal. Es un "rider", una adición a cada Ley de Asignaciones desde 1976, que prohíbe el uso de dinero federal para abortos excepto en casos de violación o incesto, o para salvar la vida de la madre. Su impacto es claro. Y es brutalmente discriminatoria. La Enmienda Hyde evita que las mujeres pobres utilicen Medicaid, su seguro financiado estatalmente, para pagar por abortos. De esta manera, está dirigida a los ciudadanos más vulnerables de Estados Unidos —una de cada cinco mujeres en edad reproductiva que viven en pobreza— forzándolas ya sea a encontrar efectivo de donde no tienen para terminar un embarazo o criar niños que no quieren o por los que no pueden proveer.

En Michigan, estaba comenzando a entender cómo mi experiencia médica con pacientes puede asistirme y mejorar en una vida de incidencia; la mejor incidencia siempre es contar historias. La verdad de las vidas de las personas es lo que mueve corazones. Entonces, mientras ayudaba a NAF a redactar esta carta, consideré la injusticia de Hyde a través de mi experiencia clínica.

En un mismo mes en el hospital de la Universidad de Michigan, vi a dos pacientes, ambas beneficiarias de Medicaid, ambas viviendo bajo la línea de pobreza. La primera era una afroamericana de treinta y siete años con SIDA. Su enfermedad la había colocado en un punto de fallo renal y del hígado. Y aun así estaba lo suficientemente saludable como para quedar embarazada. Cuando la vi, tenía quince semanas, con dos niños en casa. Quería un aborto, y sus doctores estaban de acuerdo en que un aborto era una necesidad médica prescrita; pensaron que la fragilidad de sus órganos no le permitiría sobrevivir un embarazo. El segundo caso era una mujer blanca, de treinta y dos años, usuaria de drogas intravenosas con un historial de cirugías de reemplazo de válvula cardíaca. Cuando la vi, estaba en su primer trimestre, y su válvula tenía una fuga, lo que comprometía su salud cardiovascular. Quería un aborto y sus doctores estaban de acuerdo, creyendo que su débil corazón no podría soportar el trabajo cardiovascular extra de mantener un embarazo; pensamos que traer un embarazo a término le ocasionaría un fallo cardíaco y la muerte. Ninguna de las mujeres podía pagar por un aborto, así que nosotros, sus doctores, tuvimos que solicitarle a la junta estatal de Medicaid, llenar el papeleo —*incluyendo estimados porcentuales de los prospectos de supervivencia de cada mujer*— y luego esperar una sentencia. Al final, Medicaid aceptó pagar por el aborto en el primer caso, pero no en el segundo. Me indignó sentir que no podía ayudar, y la impotencia que tenían estas mujeres muy enfermas sobre el curso de sus vidas. El estándar usado por el panel de Medicaid era el "riesgo de muerte inminente," y recuerdo ponderar en lo absurdo de esto: ¿Qué tan cerca, exactamente, necesita estar de la muerte una mujer antes que el gobierno acceda a darle la ayuda médica que necesita?

Estos son los casos extremos. La mayoría de las mujeres que buscan abortos están saludables y en lo mejor de sus vidas. Cualesquiera que sean los factores en su toma de decisión, saben lo que quieren hacer, o lo que necesitan hacer al momento en que entran por mi oficina, y han reunido el dinero que necesitan. Estas son las "afortunadas". No necesitan presentar un proceso por el cual un doctor tiene que hacer estimados de tasas de supervivencia y luego esperar por una sentencia. Aun así, en su mayoría, son restringidas. El aborto es la única decisión personal sujeta a este nivel de supervisión gubernamental. Más estados necesitan períodos de tiempo antes de obtener un aborto que para comprar un arma o contraer matrimonio. Se presume que los adultos son capaces de cuidar sus propios intereses y aquellos de las personas que dependen de ellos. En cada caso excepto en el aborto, la sociedad revierte en cada individuo esta confianza, *incluso si ese individuo ha demostrado que no se le puede confiar el tomar buenas decisiones*. El supuesto implícito en la toma de decisión del aborto es que no se puede confiar en las mujeres que tienen sexo y que entran en un embarazo accidental o involuntario para comprender el peso de las consecuencias de sus acciones. La ley requiere de ellas, como chicas malas rebeldes, que "prueben" ante las autoridades que han pensado cuidadosamente en lo que están a punto de hacer.

En la atención de salud, ninguna otra condición médica es tratada de esta manera. Consideremos, por ejemplo, a una paciente diagnosticada con un cáncer potencialmente terminal que enfrenta opciones de tratamiento. Su vida cuelga en el balance, y ningún otro doctor puede prometer, con ninguna certeza, cuál será el resultado de cualquier curso. Antes de elegir un camino, esta paciente tiene que considerar —como deben hacer todas las pacientes que consideran el aborto— su propio futuro. En esta encrucijada, ¿Qué sueños espera ella completar? También debe considera su presente: ¿Quién depende de ella? ¿Cuánto dinero tiene? ¿Qué tipo de apoyo está disponible para ella? Cada médico entiende que su trabajo es darle a esa paciente la información más clara, exacta y actualizada sobre los riesgos y resultados, pero esa elección —ya sea buscar un tratamiento costoso que salve su vida o no; ya sea que elija una disminución en la calidad de vida en lugar de una vida más corta— le concierne en última instancia sólo a la paciente, tomando su edad, su carácter, sus finanzas, las circunstancias de su vida, y los deseos de su familia en cuenta. Como en el aborto, algunos pacientes encuentran que estas decisiones son atroces. Y algunas eligen un curso de tratamiento sin pensarlo demasiado. Algunas eligen un camino y luego desean, a mitad del rumbo, haber elegido otro. Nadie —ni los doctores, ni legisladores, ni manifestantes o burócratas— piensan en juzgar, avergonzar, o castigar a las pacientes por sus decisiones— incluso si esas decisiones llevan a la muerte. Todo lo contrario. Se habla de los tratamientos de cáncer en términos heroicos. Una mujer que decide no buscar tratamiento y acortar su vida a fin de mantenerse clara de mente durante el tiempo que sea posible es considerada "valiente". Una mujer que decide tomar acción radical, pasar por cirugías y tratar cada droga experimental en producción es una "guerrera". Ni aún a los pacientes con cáncer de pulmón se les culpa ni juzga por fumar de la misma manera que las mujeres que buscan abortos son culpadas por tener sexo. El aborto es la única decisión de atención de salud que enfrenta a una mujer en contra de su propio interés y asume saber mejor que ella lo que ella "debería" hacer. Paradójicamente, se venera a una mujer si ella se rehúsa a llevar un tratamiento en contra del cáncer que pueda salvar su vida mientras esté embarazada pero es denigrada si elige su propia vida sobre un embarazo.

Vale la pena repetirlo: una de cada tres mujeres estadounidenses han tenido abortos en su vida. Probablemente he hecho unos diez mil abortos en los últimos doce años. Con números tan altos, es inevitable que alguna proporción de pacientes se arrepientan de su decisión —aunque en mi experiencia, esto rara vez sucede. Más a menudo, una mujer recuerda su aborto como un evento agridulce: una incidencia de tener que hacer lo que era necesario. A diferencia de los patriarcas del gobierno, no presumo el poder proteger a una mujer de su propio arrepentimiento. Ni lo intento hacer. El arrepentimiento es una consecuencia natural de la vida, vivida en madurez, llena de errores. Un adulto tiene el derecho a tener arrepentimientos. Lo que puedo hacer es intentar, en las clínicas de aborto donde trabajo, crear un espacio seguro donde la toma de decisión de una mujer no sea indebidamente influenciada por las ideas de otras personas sobre lo que es correcto y lo que no, o los arrepentimientos que creen que ella deba tener. Los remordimientos de una mujer, si los tiene, deben ser propios de ella.

La conversación política sobre el aborto ha destruido la verdad y aplastado cualquier conocimiento sutil sobre lo que significa vivir una vida humana. El discurso sobre el aborto en público es tan blanco y negro, tan reforzado por falsedades científicas y medias verdades médicas, y tan distorsionado por una neblina de sentimentalismo sobre las mujeres y su papel como madres, que ha comenzado a ensuciar el pensamiento incluso de personas a favor de los derechos de los abortos. Necesitamos desafiar estas mentiras y ofuscaciones por lo que son. Ya que si no lo hacemos, si no llevamos estos mitos a la luz y los diseccionamos con el ojo fresco y racional de un científico, entonces continuaremos siendo inducidos hacia un sentimiento de complacencia sobre el destino de la vida de las mujeres y las personas que cínicamente perpetúan las mentiras —los antis, que quieren hacer el aborto inaccesible de nuevo— ganarán. Las apuestas son altas. Los antis quieren nada menos que el control sobre la fertilidad de las mujeres, no sólo de las mujeres pobres sino de todas las mujeres, en un esfuerzo desesperado de subyugarlas. Si una mujer no está en control de su fertilidad, no está en control de su vida. En mi aventura para convertirme en alguien que brinda abortos, también me he convertido cada vez más en un defensor abierto de la verdad. Estos dos papeles existen lado a lado. Como científico y profesional de la salud pública, sé lo que dicen los datos. Como médico, mis interacciones con las mujeres cada día me dan un asiento de primera fila ante las realidades de sus vidas verdaderas. Como activista, hablo las verdades como las veo, un antídoto a las mentiras que han proliferado sin ser verificadas.

Una de las falsedades culturales contra las que me opongo principalmente es esta: cada aborto es una tragedia terrible y cada mujer que elige tener un aborto es por lo tanto una imagen trágica. En esta narrativa popular, las mujeres que son víctimas indefensas —y no personas con visión clara tomando una decisión sensible para beneficiarse a ellas mismas y a las personas a su alrededor—. Conozco, por ver a las mujeres cada día, qué tan lejos está esto de ser la verdad. La mayoría de las mujeres que atiendo son profundamente pragmáticas sobre lo que están haciendo. Están en mi camilla porque necesitan hacerlo. Pero la narrativa de la "heroína trágica" apoya lo que llamo las "políticas de respetabilidad", un conjunto cultural de suposiciones no examinadas que van así: Las mujeres que toman decisiones autónomas sobre su placer sexual y su fertilidad son "malas", y un embarazo no planeado o involuntario representa un error de juicio grave. La mayor vocación para cada mujer es convertirse en madre, y si una mujer no elige ser madre entonces hay algo malo en ella —es deficiente de alguna manera, no está del todo bien—. Y si la elección de tener un aborto coloca automáticamente la competencia fundamental de una mujer en tela de juicio, entonces hay motivo (en los ojos de los antis y de aquellos que les apoyan) para que deba protegérsele de sí misma. Puede ser difícil en una cultura misógina el considerar a las mujeres que eligen libremente el sexo y que eligen libremente tener abortos como agentes libres tomando sus vidas en sus propias manos. Pero la alternativa es verlas menos que humanos completos y requerir de intervención paternalista.

Otro denominado hecho promovido por los antis es que "la vida comienza en la concepción" —la justificación por el argumento ridículo de que el aborto es asesinato—. Como un médico cristiano, puedo atestiguar con autoridad que la vida no comienza en la concepción. Esta noción, que la unión del huevo y el esperma constituye una nueva persona en ese momento, refleja una creencia religiosa —y una profundamente arraigada—. Pero el hecho es que, como el Juez Harry Blackmun escribió tan elocuentemente en 1973, en la opinión mayoritaria en Roe v. Wade, no hay consenso histórico, filosófico, teológico o incluso científico sobre cuándo comienza la vida. Entonces mientras la jerarquía romana católica puede considerar cada instancia de fertilización como un evento sagrado, esta creencia no es —y nunca ha sido— universal entre los cristianos. Hace mil años, era común para las personas creer, como los griegos lo hacían, que los fetos sólo poseían lo que llamaban una "alma vegetal" hasta los cuarenta a ochenta días de gestación —punto en el cual Dios les imbuía de una alma humana—. Incluso Santo Thomas de Aquino, quien estableció mucho de lo que se considera teología católica contemporánea, creía que el aborto era homicidio sólo luego del momento del "almamiento", a los cuarenta u ochenta días (cuarenta días para un varón y ochenta para una mujer). Hasta el alza de la Mayoría Moral a prominencia nacional antes de las elecciones presidenciales de 1980, el que "la vida comienza en la concepción" no era central para mantener la creencia protestante, y el aborto no era explícitamente prohibido.

La verdad es que durante la mayoría de la historia occidental moderna, el aborto —el cual involucraba la ingestión de hierbas tóxicas, raíces, o pociones para "restaurar la menstruación" hasta el advenimiento de procedimientos quirúrgicos modernos en el siglo veinte— ha sido considerado por la ley común como el derecho moral de las mujeres embarazadas hasta el momento en que "comienza a moverse", la primera percepción maternal de movimiento fetal en el útero, el cual ocurre alrededor de las veinte semanas. De hecho, las primeras leyes en contra del aborto fueron implementadas, en medio del siglo diecinueve, para proteger a las mujeres de comprar y beber venenos vendidos a ellas por charlatanes y no porque los juristas tuvieran alguna opinión sobre los llamados derechos de cualquier feto o embrión en etapa temprana. Pero esta falsedad, que la vida comience en la concepción, se ha dado tan por sentada en nuestra cultura que parece, incluso ante ciertas personas que apoyan los derechos del aborto, como evidentes. Y cuando una mayoría de votantes concede su veracidad sin pensarlo, entonces los legisladores pueden promulgar cualquier tipo de trampa, incluyendo proponer decretos que igualarían los "derechos" de un feto en cualquier estado después de la fertilización a los de cualquier persona humana viviendo y respirando —y que cualquier terminación de un embarazo es asesinato. Las leyes en Missouri y Kansas dicen que "la vida comienza en la concepción." Al menos en veintiocho estados se han presentado ante legislaturas proponiendo que los fetos son personas. Ninguna ha sido aprobada.

Basándose en lo que sabemos científicamente sobre la reproducción humana y embriología, me gusta decir que "la vida es un proceso." No es un interruptor que se enciende en un instante, como una luz eléctrica. En su lugar, la vida —antes y después de la concepción— es una galaxia de condiciones interconectadas y supeditadas que deben cumplirse para que un solo humano logre progreso, maduración y plenitud. La vida sucede, ya sea que los hombres y mujeres individuales deciden participar en el proceso de reproducción o no. La verdad científica, la cual abarca todo lo que está vivo en el mundo natural, es que, en el proceso de la vida, desde la fertilización hasta el proceso de la muerte, todo tipo de eventos pueden surgir e interrumpir la maduración. Todos los seres perecen por todo tipo de motivos. Pero esa finitud no es equivalente al asesinato en cada caso. Vale la pena mencionar acá, aunque pueda parecer obvio, que los defensores de la pena capital en este país, quienes frecuentemente son las mismas personas que se oponen a los derechos del aborto, no consideran una sentencia de muerte —en la cual una vida humana que vive y respira es terminada por el estado— como "asesinato". En su lugar, lo llaman "justicia". La hipocresía de la derecha política sobre la pena capital y el aborto es más evidencia, en mi opinión, de que no podemos adjudicar estas cuestiones de "vida" en el reino de las opiniones y creencias religiosas. La ciencia es el único juez ante el cual todas y cada una de las partes son completamente iguales.

***

Me aproximo a mis adversarios con compasión por su fe, pero armado con la ciencia. Un día soleado en el verano del 2016, durante mi hora del almuerzo en la clínica de Tuscaloosa, fui a la Universidad de Alabama para ayudar en el capítulo de su campus de Unidos por la

Equidad Reproductiva y de Género (URGE, por sus siglas en inglés), la organización anteriormente conocida como Choice USA, fundada por la pionera Gloria Steinem. (Soy parte de la junta.) URGE llevaba a cabo una campaña en el campus estudiantil centrada alrededor de los derechos reproductivos y LGBTI. Mientras descendía a la plaza pavimentada desde el parqueo, vi a mis amigos —mujeres jóvenes en pantalones cortos, sus tatuajes visibles en sus hombros— de pie alrededor de un conjunto de mesas plegables cubiertas con cestos y pilas de insignias, calcomanías, y panfletos. Habían pegado pancartas en las orillas de cada mesa y colgaban, ondeando, hasta el piso. TENGO 99 PROBLEMAS Y UN EMBARAZO NO ES UNO DE ELLOS, decía uno. Otro mostraba una fotografía de un gancho de ropa doblado: ¡NO VOLVEREMOS ATRÁS! Era hacia el final del año escolar, tiempo de exámenes, en un campo sureño conocido más por su fútbol que por activismo progresista, y mis jóvenes amigas feministas tenían problemas para mantener la atención de sus compañeros. Así que entré, aún en mi bata verde, y ofrecí unas palabras improvisadas a la gente que cruzaba la concurrida plaza: "No hablamos de sexo en Alabama, y por supuesto que no hablamos de abortos. Pero la atención de abortos es algo que necesitamos superar en términos de estigma y vergüenza. Cuando lo necesitas, lo necesitas." Y luego recité al Dr. King, quien siempre me da palabras cuando no las encuentro. Urgí a los estudiantes a apoyar a sus compañeras en la justicia reproductiva. "No es donde te colocas en momentos de facilidad. Es donde te ubicas en momentos de controversia."

Una pequeña multitud se había reunido, incluyendo al grupo cerrado de jóvenes hombres y mujeres que representaban a los anti-aborto en el campus. No se miraban diferentes a ningún otro grupo de estudiantes universitarios en ropa informal y tenis y cabello despeinado, y me escucharon respetuosamente. Pero después, cuando había terminado mi corto discurso, se acercaron a mí e inevitablemente entramos en una acalorada conversación sobre cuándo comienza la vida. Una de las mujeres encontró mis declaraciones al público —especialmente "Cuando lo necesitas, lo necesitas"— como cruel y ofensiva. Interactué con ella respetuosa pero asertivamente, y con lágrimas en los ojos se frustró y salió corriendo, aun gritándome. Puedo comprender porqué a los antis les gusta insistir en que "la vida comienza en la concepción". Es una manera sencilla de comprender la reproducción humana, y debido a esta sencillez, ofrece claridad moral. La impresión que intenté hacer en esos estudiantes ese día es que la verdad científica sobre la vida es complicada —pero la complicación no está en conflicto con una orientación profundamente moral, o inclusive religiosa. Simplemente una postura moral con enfoque en los matices requiere lidiar con la ciencia y con Dios en una manera que puede ser difícil. Y puede que tome algo de tiempo.

Un óvulo, sin fertilizar, está vivo. Y el esperma está vivo. Los seres humanos que generaron esas células, las cuales se llaman gametos, también están vivos. Estos humanos se mueven y piensan; sus células consumen y crean energía. Los hombres y mujeres que se involucran en una relación sexual son saludables, o no; tienen buena nutrición, o no la tienen. Llevan con ellos el ADN de generaciones de ancestros que también una vez estuvieron vivos. Dentro de ese ADN hay mapas o códigos para futuros posibles resultados: genialidad, depresión, obesidad, esquizofrenia, enfermedad cardíaca —todos estos secretos vivientes están contenidos en cada célula humana, ya sea que esté fertilizada o no. Así que la idea de que la vida comienza en la concepción es de antemano falsa: la vida comienza mucho antes de la concepción con las vidas que permitieron que esos gametos existieran. Pero permítanme continuar.

El esperma y el óvulo coinciden, la mayoría de las veces, en las trompas de Falopio, después de lo cual el óvulo fertilizado alza un viaje de tres o cuatro días a lo largo del tubo hasta el útero, dónde, para poder comenzar un embarazo saludable, debe implantarse a sí mismo en el revestimiento uterino. Algún número mayor —nadie sabe qué tan grande— de huevos fertilizados llegan hasta este paso. Son fertilizados, pero no logran viajar con seguridad. O, en un embarazo ectópico, son fertilizados y se implantan allí mismo en el tubo, donde no sobrevivirán, y donde su ruptura puede causar graves daños a la mujer —sangrado, inclusive la muerte. También puede que viajen pero no logren implantarse. En ese último caso, el revestimiento uterino se viene abajo, una mujer tiene su período, y nunca sabe que, en la caverna oscura de su cuerpo, una "concepción" ha ocurrido. Existe, en otras palabras, una gran cantidad de desecho natural involucrada en el logro de un embarazo "normal". ¿Todas estas concepciones califican como "vida" de la manera en que los antis la definen? ¿Una "persona" con derechos iguales a los derechos de las mujeres?

De manera similar: hasta uno de cada cinco embriones implantados no logran desarrollarse, resultando en un aborto involuntario en algún momento entre las seis y doce semanas de concepción. Las mujeres que quieren estar embarazadas saben esto bien; por eso muchas deciden no contar a sus amigos y familia sobre un embarazo planeado hasta que ese embarazo está más avanzado. Estas mujeres saben que la intención no es lo mismo que la certidumbre. ¿Un embrión que no logra desarrollarse califica como "vida"? ¿Al mismo nivel que un recién nacido saludable? ¿O al mismo nivel de la mujer que lo lleva?

Un embarazo completo dura cuarenta semanas, en promedio. Y hasta las veintidós semanas, el feto no es "viable". Eso quiere decir que no puede sobrevivir —y no lo hará— fuera del útero, ni con la asistencia de tecnología médica, como un respirador, ni con el apoyo espiritual de alguien orando esperanzada y ansiosamente. Nunca. Hasta las veintidós semanas, el desarrollo fetal es insuficiente para sustentar la vida. Un bebé nacido en esa edad gestacional no puede respirar. El peso de su cuerpo no puede soportar la vida. Su piel es permeable. Puede que los antis quieran llamar a un feto de veintidós semanas una "persona", pero si nace, morirá.

A los anti-aborto les desagrada escuchar esto, pero la "vida" es un área gris. Existe un período, entre las veintidós y veinticinco semanas de edad gestacional, durante los cuales la "vida" es un estado vago. Un feto puede o no ser viable durante este período, y no hay una manera confiable de predecir los resultados. Un feto que nace durante este período no es considerado definitivamente como vida. Tampoco está destinado a morir. Dependiendo de varios factores —su peso, su desarrollo pulmonar, la salud de su madre, la pericia de los doctores a cargo, y las capacidades tecnológicas de la instalación neonatal— puede sobrevivir. O no. Y si vive, puede que crezca para ser un adulto saludable, o puede sufrir, afligido por daño cerebral y de órganos, y morir joven. Estos hechos médicos, no tienen nada que ver con la creencia religiosa, o con el poder de la oración, o las esperanzas de sus padres de criar niños hermosos. El Congreso Estadounidense de Obstetras y Ginecólogos no recomienda tratar de resucitar bebés que nacieron a las veintitrés semanas. A las veinticuatro semanas, los doctores comprenden que es impredecible y dejan que los padres, junto con sus doctores de turno, decidan. A las veinticinco semanas, la Asociación Médica Estadounidense recomienda la resucitación. Pero dentro de estas líneas, los doctores entienden que no se garantiza la "vida" y que su "inviolabilidad" es nada más que una esperanza.

También durante el segundo trimestre, dentro de un pequeño porcentaje de fetos se descubren anomalías tan severas que no sobrevivirán fuera del útero. A menudo estas anomalías no son descubiertas hasta después de las veinte semanas porque, hasta ese punto, los principales sistemas de órganos son demasiado pequeños e indistintos para que la tecnología de sonograma pueda capturarlos. A veces un feto tiene un anencefalia: tiene un tronco cerebral pero carece de alguna parte o la mayoría del cerebro o del cráneo. O tendrá agenesia renal: no tiene riñones. O algo que nosotros los doctores llamamos "complejo de pared corporal-extremidad", en el cual los órganos se desarrollan fuera de la cavidad corporal fetal. O defectos del tubo neural, como encefalocele, donde partes del cerebro sobresalen a través del cráneo. O displasia ósea letal, en el cual el crecimiento de la espina dorsal es severamente perjudicado. Estas son las tragedias reales. En la mayoría de estos casos, los padres en potencia esperan un niño saludable y se les informa, cuando el embarazo se encuentra luego de su punto medio, que el feto está deteriorado. Esta información ocasiona trauma y dolor psíquico insoportable en los padres, quienes a menudo han planeado y desean con ansia este nacimiento. Para trazar una imagen clara: en los catorce estados que han aprobado prohibiciones al aborto después de veinte semanas desde el 2010, una mujer con un feto que tiene pulso fuerte —pero que se ve afligido por una condición que le consigna, inevitablemente, a la muerte inmediatamente después del nacimiento— *no puede* elegir terminar su embarazo legalmente.

Cuando estudiaba como residente en ginecología obstétrica, presencié el nacimiento a término completo de un bebé con lo que se conoce como síndrome de Potter —una disminución dramática del fluido amniótico en el útero usualmente relacionado con la incapacidad de los riñones de desarrollarse adecuadamente. La mujer en cuestión era joven, de más o menos dieciocho años, y su madre trabajaba en la limpieza del hospital. La anomalía no había sido descubierta hasta una edad gestacional de diecinueve semanas. El aborto normalmente hubiera sido el camino recomendado, pero esta mujer era una cristiana fundamentalista, y optó llevar el embarazo a término porque, como me dijo, estaba rezando por un milagro. En un proceso de embarazo saludable, la placenta y el fluido amniótico trabajan juntos como los sistemas de circulación y de desecho del feto; son el corazón, pulmones y estómago del feto hasta el nacimiento, cuando los órganos propios del bebé se apoderan. Pero en el síndrome Potter, la ausencia de riñones resulta en la producción casi nula de fluido amniótico, lo cual a su vez resulta en la ausencia del desarrollo pulmonar del feto. Este bebé nació a las treinta y nueve semanas —una niña, recuerdo— y me paré allí y vi, horrorizado, cómo moría. Gimió e hizo esfuerzos para inhalar a medida que la sed por oxígeno se apoderaba de su cuerpo, pero no había capacidad pulmonar. Nacida en el término, la bebé podía sentir dolor, y, aún si no podía interpretar nada parecido a la consciencia de sí misma, debe haber sentido toda la ansiedad y pánico que acompañarían el sofocarse hasta la muerte. En este caso, una reverencia absoluta por la vida llevó a una situación que, ante mis ojos, consistía en nada menos que pura crueldad.

En mi conversación con los jóvenes activistas anti-aborto en la Universidad de Alabama ese día, presenté anomalías fetales mortales como casos claros para la necesidad de preservar los derechos del aborto hasta y más allá de las veinte semanas. Contrarrestaron diciéndome que a veces sucedían milagros que permitían que estos fetos sobrevivieran. Sí, contesté, tal vez. Pero la mayor parte del tiempo no. Y los estudiantes se vieron obligados a conceder que, quizá a veces, un aborto no es igual que un asesinato. Y luego llevé mi argumento a base: Si puedes estar de acuerdo en que ciertas condiciones médicas podrían justificar el aborto, entonces; ¿Cómo se pueden excluir condiciones sociales, personales o financieras? Si un aborto es permisible en caso de una anomalía fetal mortal, entonces ¿Por qué no en el caso de un compañero homicida y violento? ¿O en una carencia extrema de recursos? ¿O drogadicción? ¿Cómo puede el estado adjudicar las circunstancias de la vida de una mujer en lo absoluto?

Cuando doy consejería en la clínica de Mississippi, me gusta decirle esto a las mujeres: Estás embarazada. Tienes una decisión que tomar, y de la manera en que la veo, tienes algunas opciones muy claras. Puedes llevar este embarazo a término y convertirte en madre. Puedes llevar este embarazo a término y dar al bebé en adopción. Puedes decidir no llevar este embarazo a término. Cada uno de estos caminos está pavimentado de incertidumbre y resultados no previstos. Puedes decidir convertirte en una madre y sufrir un embarazo involuntario, o dar a luz a un bebé que contraiga una enfermedad fatal o que termine en la cárcel. De manera alternativa, puedes decidir convertirte en una madre y criar a un hijo que se convierta en el presidente de los Estados Unidos o en un doctor de abortos prominente. Puedes decidir tener un aborto y arrepentirte de la elección por el resto de tu vida. O puedes ganar una medalla de oro olímpica en los 400 metros o convertirte en el maestro del año o conocer a alguien la siguiente semana con quien quieras criar una familia y pasar el resto de tu vida. En el gran conjunto interconectado de condiciones biológicas pre-existentes —condiciones y procesos que, tomados colectivamente, son "vida"— no hay curso correcto. En el proceso de la "vida" hay muchos riesgos y ninguna garantía, así que lo único que te pido es que presiones el botón de "silenciar" en el ruido y juicio de las voces afuera —de los manifestantes en la calle y tus padres en la mesa de tu cocina, incluso mi voz aparte de la información que te estoy brindando— para decidir, basada en tu vida, y en tus deseos, y tus recursos, lo que es correcto para ti.

***

Otra verdad: un feto no es "una persona". No le conciernen, por lo tanto, los derechos de "una persona". Esto debería ser obvio, y sin embargo desde el 2008, cuando un grupo de incidencia llamado Personhood USA fue establecido, una avalancha de decretos son presentados incesantemente ante las legislaturas, proponiendo inscribir la "personería fetal" en la ley —un desperdicio moral e inconsciente de tiempo y dólares en impuestos. En el 2016, decretos de "personería" fueron introducidos en Alabama, Colorado, Mississippi,

Rhode Island, Iowa, Maryland, Missouri, Carolina del Sur y Virginia. El único estado en el cual un decreto tal ha sido aprobado fue en Kansas, el cual en el 2013 reafirmó la Ley de Protección Pro-Vida, declarando que "la vida comienza en la concepción." Ningún otro decreto ha tenido éxito a nivel federal.

La trampa de la personería, la cual ha creado tanto ruido sin sentido en la conversación del aborto, ha sido permitida, irónicamente, por el progreso tecnológico. Los humanos se han desarrollado en el útero de la misma manera por doscientos mil años, desde que el Homo sapiens apareció en el planeta. Y por todos esos miles de años, el contenido moral de esa realidad biológica ha sido el mismo. Durante la mayoría de la historia humana, el embarazo era una caja negra, un proceso que evolucionaba, invisible y misterioso, dentro del cuerpo de una mujer, aparente ante aquellos en el exterior en la medida en que con el tiempo su abdomen sobresalía notablemente.

Pero la tecnología de ultrasonido, desarrollada primero a finales de los 1950s y en amplio uso a inicios del 2000, permitió a los doctores —y finalmente a las pacientes— ver dentro de la caja negra, y, en consecuencia, imponer atributos de persona incluso a los fetos más jóvenes. El espectacular editorial de fotografías dentro del útero de 1956 en la revista *Life* mostró el proceso antropomórfico del desarrollo humano y aumentó la neblina moral alrededor del asunto del aborto. Ahora en su propaganda, los anti-aborto podían utilizar estas imágenes y embellecerlas con el lenguaje de Jeremías: *Antes de formarte en el vientre, ya te había elegido.* Al inicio de los 80s, las imágenes de ultrasonido eran parte rutinaria del cuidado prenatal, de extrema utilidad a los ginecólogos obstetras, quienes podían usarlas en diagnósticos tempranos de Síndrome de Down y asegurar el desarrollo fetal saludable, así como un deleite a tantos padres en espera que podrían ir de la oficina del doctor a su casa y pegar las imágenes del ultrasonido temprano en sus refrigeradores con imanes de colores. "¡Miren!" podría haber dicho una madre potencial, observando la imagen magnificada en escala de un feto en una pantalla de computadora en blanco y negro. "¡Duerme de espalda! ¡Tiene los tobillos cruzados! ¡Se parece a la Abuela Nellie!" Esta es una expresión entendible de deseo, pero combina un anhelo sentimental sobre la paternidad y los hijos con la verdad biológica.

Para quienes quieren un bebé desesperadamente, estas imágenes pueden parecer confirmatorias de su más profundo deseo: aquí está su hijo; un pariente; un enlace al pasado y al futuro; una persona que puede ser de ojos azules como su madre o atlética como su padre. Que el feto tenga características humanas —dedos, párpados, pies, tobillos— sólo aumenta la ilusión de que este ya es un bebé, su bebé. Pero el referirse al feto en el útero como un bebé es erróneo. Refleja esperanza, no realidad. En referencia a un feto, "bebé" es un término cultural, no uno científico.

La verdad, sin embargo, no les importa a los anti-aborto. Desde el inicio, vieron las fotos altamente detalladas del ultrasonido como una oportunidad de manipular al público. Capitalizaron la predisposición de la gente para imaginarse a los fetos como bebés y la explotaron, ilustrando toda su propaganda con imágenes de ultrasonido de fetos en el útero en alta definición: durmiendo, succionando sus pulgares, aparentemente sonriendo o expresando asombro o sorpresa. En 1984, los anti-aborto comenzaron a mostrar un filme de veintiocho minutos llamado El Grito Silencioso en sus reuniones. En el granuloso video en blanco y negro, un feto de doce semanas es supuestamente abortado por una aspiradora al vacío mientras un narrador describe al feto pataleando, retorciéndose, e incluso gritando de temor y dolor. (Revisando la información: El cerebro de un feto de doce semanas no está lo suficiente desarrollado para sentir el dolor o miedo o controlar deliberadamente el movimiento de sus extremidades.) Para 1996, las fuerzas anti-aborto estaban aprobado leyes que requerían que las mujeres vieran sus ultrasonidos antes de tener un aborto, en la esperanza de promover un enlace maternal. Es imposible que una mujer eligiese el aborto, argumentaron los antis, una vez que veía en la imagen del sonograma "un ser humano aparte con ondas cerebrales, brazos que se mueven, piernas que patean, y un corazón latiendo," en las palabras de un sitio anti-aborto. Ahora, cuando David, el manifestante que cada día se dedica a pararse fuera de la clínica de Montgomery, grita, "¡No mates a tu bebé!" a las mujeres que entran por la puerta de enfrente, sostiene una pancarta en alta resolución de un feto de más de treinta semanas con doble propósito —representar esa imagen como un feto de nueve semanas de gestación, lo cual es totalmente falso, e insinuar que los abortos son realizados rutinaria e indiscriminadamente en una etapa cuando el embarazo podría sobrevivir. En lo que veo como una amalgama completamente inmoral y carente de ética, los antis han elaborado modelos plásticos de fetos de seis semanas a manera de ayuda visual en sus protestas. Estos no parecen fetos en absoluto: se ven como muñecas rosadas y cafés diminutas. En realidad, el polo fetal y saco gestacional de seis semanas es tan grande como un frijol. Tiene la actividad cardíaca notable más temprana, pero un corazón no desarrollado y un sistema circulatorio muy rudimentario. Pero los antis falsamente conducen a la gente a creer que un embrión, a las seis semanas, se ve como un bebé —con todas las partes componentes con las que cuenta un ser humano. Esto es más que manipulación. Es una mentira descarada.

Habiendo caminado frente a los carteles de los antis cada día de mi vida laboral por más de una docena de años, he comenzado a desarrollar una nueva visión sobre lo que estas imágenes podrían significar subconscientemente. He comenzado a ver estas manipulaciones como una versión del siglo veinte del antiguo concepto equivocado patriarcal sobre cómo se hacen los bebés, fábulas seudocientíficas que sirven para proteger los derechos exclusivos de los hombres a la propiedad fetal. En los esfuerzos tempranos para comprender la reproducción, las personas creían que las mujeres no eran más que tierra —suelo de plantación— contribuyendo en nada al desarrollo de un nuevo ser viviente. Son su "semilla", como era conocida, el hombre contribuía con todo, desde la apariencia física a la inteligencia. Residiendo en la cabeza de cada esperma había un ser humano completamente formado en miniatura, un homúnculo, el cual sería "plantado" dentro de la mujer. Ella era propiedad del hombre: existía para cargar sus hijos, y cualquier interrupción o violación de ese rol era considerado igual que robar, una violación de los derechos sobre la propiedad —igual que traspasar el campo de un agricultor y hurtar su maíz o trigo. Creo que estos carteles inconscientemente reafirman ese argumento: que los fetos son personas en miniatura, pertenecientes exclusivamente a los hombres a cargo. Los hombres, por lo tanto, están en su derecho de castigar a quien sea —incluyendo a mujeres embarazadas y doctores de abortos, como yo— a quienes consideran como ladronas o cazadoras furtivas.

Hecho: Hasta las veintinueve semanas, un feto no puede sentir nada parecido al dolor. Esta es la opinión establecida por un estudio clínico en la *Publicación de la Asociación Médica Estadounidense,* y el Colegio de Obstetricia y Ginecología de Estados Unidos concuerda. Ambos consideran la inhabilidad de un feto para sentir dolor antes del tercer trimestre como un hecho establecido. Aun así, a pesar de la evidencia empírica brindada por la ciencia, sin contradicción, los antis continúan diseminando su propia versión de la "verdad" —lo que se traduce en mentiras— y aprobando leyes que apoyan una idea completamente falsa sobre lo que los fetos en el útero "sienten". De los veintidós estados que han prohibido el aborto luego de un cierto número de semanas, quince de ellos lo hacen basándose en que un feto podría sentir dolor. De los treinta y cinco estados que requieren consejería obligatoria, doce requieren que a las mujeres se les brinde información sobre la capacidad del feto ante el dolor, y, en algunos casos, ofrecer anestesia fetal —a pesar de que no hay un protocolo médico establecido para la anestesia fetal durante un aborto—. No es algo que los doctores realicen. En el 2013, una corte de apelación federal descartó la ley del dolor fetal de Arizona, pero la Corte Suprema se rehusó a escuchar la apelación del estado —lo cual significa que cada estado sin una ley de dolor fetal ahora puede implementar una, aunque vulnerable a ser desafiada en una corte federal.

Esta reformulación de fetos como bebés —personas diminutas que sienten dolor y que están en necesidad de protección por la sociedad— suma nada más que una campaña de mercadeo cínica, encajando convenientemente en un cambio en la manera en que los antis lideraban su guerra contra los derechos del aborto. En las primeras dos décadas después de Roe, las fuerzas anti-aborto podían ser caricaturizadas fácilmente como aborrecedores: gente blanca de edad media y cara enrojecida aullando versículos de la Biblia a mujeres vulnerables y asistiendo en manada para elegir candidatos republicanos comprometidos con revertir Roe.

Más o menos al mismo tiempo que George W. Bush se lanzaba para reelección, la cara pública de la cristiandad evangélica comenzó a cambiar. Una nueva generación de jóvenes cristianos, alienados del idioma punitivo y prejuicioso de sus padres sobre el aborto y la homosexualidad, deseaba reestructurar su activismo, retórica y estratégicamente, en términos más suaves. Sobre el aborto, no estaban cambiando de opinión. De hecho, esta nueva generación de cristianos eran incluso más conservadores, menos conciliadores, que lo que sus padres habían sido. Pero descubrieron que podrían tener mayor progreso en su lucha contra los derechos del aborto si dejaban de comportarse como bravucones y comenzaron, en su lugar, a enmarcar sus argumentos en términos de amor cristiano. Justo cuando una nueva generación de cristianos parecía expresar apertura hacia sus hermanos y hermanas homosexuales con la frase "repudiar el pecado, amar al pecador," los activistas anti-aborto han cambiado sus tácticas, también. Su amor por los pecadores abarcaba a las mujeres "caídas". Pero ese amor no suplantaba su preocupación cristiana por fetos vulnerables —quienes, según la retórica, no tenían nadie quien les protegiera—. El movimiento anti-aborto comenzó de manera muy cínica a acaparar el lenguaje del movimiento de derechos humanos.

"Nuestra legislación se enfoca en la humanidad del niño no nacido," dijo Carol Tobías, la presidenta del Derecho Nacional para la Vida luego que la Corte Suprema revirtiese las restricciones de abortos en Texas como inconstitucionales. Ha surgido una amalgama dramática en el mensaje anti-aborto, oscureciendo toda verdad. Ahora todos los fetos, en todos lados, son lo mismo que "bebés" –y el aborto es asesinato no sólo en casos individuales sino en una escala mundial. Ahora una mujer que elige el aborto no sólo es culpable e irresponsable. Ella (y el doctor que realizó su aborto) son partícipes de un mal sistemático, engranajes en una maquinaria de genocidio que arranca la "vida" de fetos inocentes.

CAPITULO 9

Genocidio Negro
y la Mayoría Blanca

Nada me enfurece más que la más reciente jugada estratégica de los anti-aborto: el movimiento del genocidio negro. Habiendo lanzado su actual versión en el 2009 por grupos blancos anti-aborto en Georgia, es un esfuerzo cobarde y cínico de hacer que las personas negras consideren la práctica clínica del aborto —así como todo el movimiento de derechos de aborto— como un asalto por la raza blanca estadounidense contra los negros. Tomando el hecho de que el 37 por ciento de las mujeres que buscan abortos en Estados Unidos son negras, el movimiento del genocidio negro posiciona a Planned Parenthood como el mayor perpetuador de este genocidio y el control de natalidad Margaret Sanger como su principal arquitecta. El movimiento del genocidio negro no es más que una teoría de conspiración pretendiendo que el aborto es una trama de la gente blanca para asesinar bebés negros y que al alzar "consciencia" en las comunidades negras, está protegiendo millones de vidas negras del exterminio. Como un proveedor de abortos afroamericano que creció en la pobreza, tomo esta acusación —de que soy cómplice de este "complot"— de manera muy personal. Es cierto que debido a que las mujeres pobres y mujeres de color tienen menos acceso a control natal confiable y atención de salud, son más propensas que las mujeres privilegiadas para tener embarazos no planeados. También es menos probable que hayan tomado educación sexual integral en la escuela, y las condiciones de sus vidas son caóticas e inestables, lo que puede llevar a la toma de decisiones complejas y no tan socialmente aceptables. Probablemente eligen abortos medicados en menor escala que las mujeres privilegiadas (aunque es difícil encontrar buena información al respecto), porque tienden a tomar su decisión de aborto en una etapa gestacional más avanzada. Estas mujeres entran a las clínicas de aborto más a menudo que mujeres privilegiadas —no necesariamente porque no quieren un hijo o uno más (muchas de ellas lo desean), pero porque las circunstancias de sus vidas son restrictivas y limitantes. Mujeres de todas las razas y grupos socioeconómicos citan razones múltiples para buscar un aborto: falta de recursos financieros, inestabilidad con sus parejas, más hijos en el hogar. Pero esta multiplicidad de factores aflige desproporcionadamente a mujeres pobres y mujeres de color. Lo veo todo el tiempo.

La implicación de que, en sus esfuerzos de preservar su propia salud y recursos y para salvar sus propias vidas, estas mujeres son asesinas, me hace querer estallar, como Jesús cuando lanzó las mesas en el Templo. El movimiento del genocidio negro es una obra falaz para ganar ventaja política. Disfrazado cínicamente como derechos civiles, hace blanco de las mujeres más vulnerables y coloca sus embarazos en contra de sus propios intereses. Al hacerlo, el movimiento del genocidio negro sirve sólo para acomplejar la miseria de personas que ya viven en circunstancias de dolor y carencia.

Vi por primera vez los anuncios del genocidio negro en carreteras atravesando vecindarios principalmente negros en Atlanta y Nueva York. Uno de ellos tenía una imagen gigantesca de un hermoso niño afroamericano. Decía, LOS NIÑOS NEGROS SON UNA ESPECIE AMENAZADA. Otro decía, EL LUGAR MÁS PELIGROSO PARA UN BEBÉ NEGRO ES EN EL ÚTERO. Un tercero tenía una imagen del Presidente Barack Obama y leía, CADA 21 MINUTOS NUESTRO SIGUIENTE LIDER EN POTENCIA ES ABORTADO. Estos rótulos atacaban el sentido tradicional de responsabilidad de las mujeres negras hacia sus comunidades e implicaba que tenían algún tipo de deber superior —superior a ellas mismas— de continuar un embarazo.

En el 2009, un cineasta blanco pro-vida llamado Mark Crutcher produjo una propaganda estilo documental llamada *Maafa 21*, el cual equipara el aborto por mujeres negras a la esclavitud y a los experimentos eugenésicos de la primera mitad del siglo veinte. Posicionado como un film de "derechos civiles", circuló ampliamente entre varios grupos afroamericanos. Luego de que salió, leí una entrevista con una estudiante culta y joven de la universidad Morris Brown que dijo que, al haber visto la película, ahora entendía que había una conspiración para asesinar al pueblo negro, implicando que ese sería un factor en la línea de razonamiento en su proceso de toma de decisión si alguna vez se encontrase contemplando un aborto. Esta joven chica estaba en camino a realizar sus sueños y aspiraciones, y me angustiaba que basada en estas mentiras estuviese dispuesta a salirse de la pista, a arriesgar la pobreza para sí misma y para un hijo prospecto, precisamente lo que los perpetuadores de estas mentiras esperan que ella haga.

Ahora cuando veo una paciente así en una de las clínicas donde trabajo, y siento que está vacilando basándose no en su voz interior pero por algún tipo de propaganda que encontró en algún lado, trato de reconstruir su autoestima y su dignidad. Le digo que su decisión para cuidarse a sí misma no está en conflicto con ningún deber que pueda o no tener con otras personas parecidas a ella, y que la vergüenza que siente es producto de fuerzas exteriores que quieren que se sienta de esta manera —no porque las personas se preocupen por ella pero porque como una mujer pobre o una mujer de color, es un blanco fácil. Puede ser usada de ejemplo para avanzar la agenda de alguien más. Le recuerdo que antes de que pueda ayudar a alguien más, debe ayudarse primero a ella misma. Rara vez atiendo mujeres que genuinamente desean cambiar su decisión basadas en esta propaganda. La mayoría están resueltas —están comprometidas con su curso de acción— pero son alteradas por la presión social que sienten de fuerzas tales como el movimiento del genocidio negro. Animo a estas mujeres a que actúen por sí mismas y que sientan el poder de su propia voluntad.

La verdad es, estoy convencido, que a la gente detrás del movimiento del genocidio negro, como los Pastores por la Vida y Dinámicas de Vida, no les importan los bebés negros y mujeres negras. Estas son a menudo las personas que desean desechar los programas públicos de vivienda, que no apoyan el cuidado infantil por parte del estado. La suya es una preocupación fingida. Están usando a las mujeres de color como peones en un juego mucho más grande. Ya que entienden lo que muy pocos de los soldados en el debate del aborto entienden. En las políticas del aborto, todas las mujeres son hermanas, conectadas por su habilidad de tener bebés. Si los anti-aborto pueden cambiar los términos del debate del aborto, enmarcándolo como un racismo sistemático perpetuado por grandes instituciones de atención de salud en contra de la gente negra, pueden cambiar las leyes alrededor del aborto y nadie más intervendrá, ni siquiera las mujeres blancas que necesitan abortos.

Su meta —estoy predicando ahora, no puedo evitarlo— no es, de hecho, reducir los servicios de aborto para las mujeres pobres y mujeres de color. Es limitar el acceso al aborto para todas las mujeres, incluyendo, especialmente, a las mujeres blancas. Puesto que aquello que demasiados activistas anti-aborto desean realmente, que no pueden decir en voz alta, es que las mujeres blancas tengan más bebés, a fin de luchar contra el mestizaje de Estados Unidos. A medida que nos dirigimos hacia la realidad de que, para el 2050, ningún grupo racial o étnico tendrá una mayoría proporcional en este país, la paranoia ante un suicidio racial abunda. En cuanto a los legisladores blancos en estados rojos, nada es más amenazante que un país mayormente mestizo; les quita su poder histórico. El prospecto de ser superados en número es lo que permitió el motín del Congreso por el Tea Party en el 2010 luego de la elección de Barack Obama, el primer presidente negro de Estados Unidos, incapacitando al establecimiento republicano; volviendo impotente a la primera candidata presidencial de un partido principal; y permitiendo el auge del nacionalista, misógino y racista Donald Trump. La gente blanca que aún está a cargo cree que si sus mujeres no comienzan a tener muchos bebés, ellos —los patriarcas blancos— se volverán obsoletos.

Hace cien años, un político blanco con este mismo temor que esperase ejercer control sobre la fertilidad femenina podía simplemente decirlo. En su discurso de 1905 "Sobre la Maternidad Estadounidense," Theodore Roosevelt animó a las mujeres blancas a realizar su deber y tener al menos dos hijos, o de lo contrario contemplar el "suicidio racial." En estos tiempos, una articulación tan atrevida de valores racistas es imposible. Muchas de sus mismas mujeres trabajan y van a la escuela, tienen negocios, se lanzan para puestos políticos, y toman píldoras de control familiar: cualquier presión externa en hijas o hermanas o esposas para que tengan más hijos sería risible. Es así que los hombres blancos a cargo han inventado una alternativa. Han juntado su antipatía hacia el aborto con los derechos civiles y el movimiento de *Black Lives Matter*, (Las Vidas Negras También Importan, en inglés). Entienden que al limitar el aborto para las mujeres negras lo limitan para las mujeres blancas, también. Es un juego de manos, una falacia. De la manera en que lo veo, el ataque a los derechos del aborto no es más que un esfuerzo para poner a todas las mujeres de vuelta en su sitio.

CAPITULO 10

El Guardián de Mi Hermana

En el 2011, una conocida mía llamada Susan Yanow se acercó a mí con una idea. Susan vive en Boston y es una feroz activista de los derechos del aborto, un equipo de una persona demoledor contra el patriarcado. Ella concibió un proyecto que, en forma de admisiones para un programa de residencia médica, unía a doctores de abortos con las clínicas a nivel nacional más desesperadas por asistencia capacitada. Si una clínica de aborto en un estado asediado luchaba para mantenerse abierto debido a que los médicos locales se rehusaban a trabajar allí, bajo el temor del daño físico y el desenlace negativo del estigma y vergüenza sobre sus familias, Yanow les enviaba un doctor dispuesto y capacitado desde fuera del estado. El resultado es una pequeña banda de guerreros, tal vez hasta cien, que regularmente vuelan a los estados más peligrosos —en el sur, el medio-oeste, y las grandes planicies, donde sus vidas y reputación están en peligro— realizar un aborto, y luego salen en avión. La mayoría de estos doctores son mujeres, y dividen su tiempo entre las clínicas y sus prácticas privadas en ginecología obstétrica o medicina familiar. Pero unos pocos, como yo, somos "proveedores de circuito" a tiempo completo. Siempre estamos en el camino. A veces registran hasta dieciséis mil kilómetros en una semana. Estas son las fuerzas especiales infatigables del movimiento de derechos del aborto, viviendo en hoteles anónimos, a veces usando máscaras para proteger sus identidades y chalecos antibalas para preservar sus vidas. Operación Salvando Estados Unidos, la versión del siglo veintiuno de Operación Rescate, que organizó el Verano de la Misericordia en Wichita y cuyo fundador, Randall Terry, implicó luego del asesinato del Dr. Tiller que merecía lo que le sucedió, lleva registro de estos médicos y los expone cuando pueden. Una famosa proveedora del circuito, a quien no nombraré por obvias razones, siempre viajaba usando una máscara de los Tres Chiflados. La Operación Rescate la descubrió y publicó su fotografía, su nombre, al igual que el de su madre anciana, en su sitio web. Susan se preguntaba si yo quería unirme a este pequeño ejército de doctores viajeros que servían a las mujeres para quienes obtener un aborto legal y seguro era casi imposible. Estaba intrigado.

En ese entonces vivía en Washington, D.C. En el 2009, había dejado mi trabajo como el director de Planificación Familiar en el Centro Hospitalario de Washington para convertirme en el director médico de cinco ajetreadas clínicas de Planned Parenthood en D.C. Metro. Pero me encontraba en una transición de nuevo, armando una agenda como consultor independiente, trabajando en clínicas de aborto en Washington y Filadelfia. Estuve en Planned Parenthood por dos años y medio, realizando abortos para mujeres diariamente y brindando el liderazgo médico para las clínicas. Pero mi apetito por la incidencia crecía. Tenía un interés a largo plazo en salud pública. A través del trabajo clínico se pueden mejorar las vidas a un nivel individual; un enfoque de salud pública busca un cambio sistemático, y en los años inmediatamente después de mi educación en Harvard, pasé tres años trabajando para el Departamento de Servicios de Salud de California, estudiando los datos sobre violencia doméstica, mortalidad materna, salud de infantes negros, y embarazo en la adolescencia. La pregunta profesional que me atormentaba era esta: ¿Cómo podemos mejorar el prospecto de salud de las mujeres combatiendo comportamientos, percepciones, y sí, leyes?

Planned Parenthood me dio la oportunidad de pronunciarme. Viajé con la presidenta de la organización, Cecile Richards, cuando hizo los llamados en el Capitolio, y cuando el Presidente Obama intentaba aprobar su ley de atención médica, Planned Parenthood me urgió a protestar en contra de la Enmienda Stupak-Pitts, que restringió el brindar atención de abortos a las mujeres que reciben beneficios de seguro gubernamental. (A pesar de nuestro trabajo de incidencia, la enmienda fue aprobada.) Aprecié estas oportunidades para incidir, pero me di cuenta que mi conexión con Planned Parenthood también me limitaba, ya que habían momentos cuando mi misión y la de mi empleador no estaban precisamente alineadas. En el 2010, por ejemplo, la personalidad de ultraderecha Glenn Beck comenzó un viaje alrededor del país en lo que llamó una campaña de "derechos civiles" —"Estamos del lado de las libertades y garantías individuales," expresó, "y, maldición, ¡Vamos a reclamar el movimiento de los derechos civiles!" —apropiándose del legado y la retórica del Dr. King para promover una agenda anti-aborto, anti-feminista y anti-gay. Viajaba en colaboración con Alveda King, una sobrina del Dr. King, que trabajaba para Pastores por la Vida como una agente del movimiento del genocidio negro. La campaña de Beck me resultaba odiosa, especialmente la apropiación irreverente del idioma de derechos civiles e iconografía. Cuando hizo su estación en el Distrito de Columbia, quería enfrentarle con una refutación a pleno pulmón. Pero en la sede de Planned Parenthood, los estrategas habían decidido que su jugada óptima era mantener la temperatura baja y atender a Beck con silencio. Detectando su renuencia para involucrarse en este asunto pero convencido personalmente que esta trama irrespetuosa y perniciosa debía ser dirigida en un centro público con una gran población afroamericana, expresé mi intención de hablar como un hombre negro y médico en nombre de mi comunidad. Como compromiso, expresé mis opiniones fuera de mi afiliación con Planned Parenthood. No me malinterpreten. Soy partidario leal de Planned Parenthood y lucharé con y por ellos en toda oportunidad. Pero el incidente me ayudó a ver que si la incidencia sería una parte más grande de mi misión, es mejor que estuviera irrestricto por deberes organizacionales —por lo que continuo en conjunto con Planned Parenthood como un aliado. Al desprenderme de mi trabajo a tiempo completo, podía continuar haciendo lo que amaba —involucrándome con pacientes en un nivel personal y brindándoles atención especializada— al mismo tiempo que defendía aquello en lo que creía. También podía trabajar fluidamente con un fuerte número de organizaciones que hacen trabajo de justicia necesario sobre asuntos reproductivos, de raza, y de equidad de género. Entonces decidí ir solo, tomar las riendas de mi propio seguro médico, plan de jubilación, y también mi tiempo. Trabajé en clínicas cuatro, cinco, y a veces seis días a la semana, pero siempre guardé un día para el activismo, para conocer otras organizaciones activistas, para hacer estrategias, para escribir, o para hablar en público. Aumenté mi contacto con el grupo de incidencia Médicos por la Salud Reproductiva, y regularmente llevé a doctores jóvenes al Capitolio donde, vestidos en nuestras batas blancas, nos reuníamos con personal del congreso, dejamos hojas de información, y contamos las historias de nuestras pacientes. A veces me sentí cursi caminando por la capital de la nación en bata blanca, pero también me sentí cómodo. Desde mis días como un cristiano proselitista, había desarrollado desde hace tiempo la piel gruesa necesaria para ir de puerta en puerta. Cuando miraba alrededor de los pasillos pulidos, miraba estadounidenses de cualquier color, vestidos en los uniformes de su profesión —militares u oficiales de fuerzas de seguridad, la ganadora de la competencia de Señorita Agro-Negocios usando su banda— presentando ante sus representantes la importancia de su causa.

La misión de Susan encajaba bien con mi visión expansiva de mi vida como una combinación simbiótica de trabajo clínico e incidencia, y llené las formas que me envió que me conectarían con una clínica en la mayor necesidad. Pero cuando su sistema me conectó con la clínica de Servicios de Salud en Jackson, Mississippi —la única clínica de abortos en todo el estado, la cual en el momento mantenía sólo un doctor que llegaba en avión algunos días a la semana desde su casa en Charlotte, North Carolina, y que usaba una máscara de Halloween a medida que conducía del centro a Jackson, mi primera reacción fue "No." Y mi segunda reacción fue un más enfático: "*Maldición, no.*"

En el momento, mi parecer era claro. Tenía casi cincuenta, después de todo. Desde Hawái, había pasado la mayoría de mi vida profesional en el norte, en comunidades urbanas y liberales. Aprendí a disfrutar todas las ventajas que estos ambientes me brindaban. Por un lado, no era una anomalía al ser un doctor negro que realiza abortos en Washington o Filadelfia, aunque como miembro masculino de ese grupo profesional, siempre vendría siendo algo como un unicornio. En Washington, era fácil moverse discretamente hacer amigos, y vivir entre personas que compartían mi compromiso con una mayor amplitud de criterio. Y la ocupación que elegí no me excluía de ningún círculo social (o de cualquier amistad o relación romántica, para el caso). En el bullicio de Washington, D.C., lo que más extrañaba del sur era la pérdida de un lenguaje común, un consenso de gentileza y modales, pero era compensado de sobra por una apertura alrededor de casi cualquier tema. En Washington, podría ser más relajado y franco sobre quién era y lo que hacía todos los días. Podía decir la palabra "aborto" sin levantar miradas. Podía hablar sobre lo que creía. El noreste me dejaba satisfecho. Como me gustaba decir en ese entonces, era mejor ser de Alabama que estar en Alabama.

También, Mississippi tenía un serio problema de relaciones públicas, en mi opinión. Sabía muy bien, habiendo sido criado en el sur, cómo los desacuerdos históricos sobre política y principios allí pueden infectar y hacer erupción, de repente, en violencia —a veces violencia letal—. Y desde hace mucho Mississippi había sido el epicentro simbólico de violencia racial. Había visto *Mississippi Burning* al menos cinco veces, pero antes de que viera la película sabía, por supuesto, sobre los horrorosos asesinatos de james Chaney, Michael Swherner, y Andre Goodman, la obstaculización del tráfico a medianoche por el Ku Klux Klan –los disparos, los linchamientos espantosos. Cuando asistía a la escuela médica en la ciudad de Iowa, conduciendo una ruta a través de la esquina noreste de Mississippi, entre condados rurales con nombres como Prentiss, Lee, y Alcorn, recorriendo kilómetros, las imágenes de esos hombres jóvenes asesinados me atormentaban. Me parecía que el campo colindando el tramo de la carretera poblado de los fantasmas exhaustos y hambrientos de mi gente, y siempre le conté a mis amigos que no me gustaba conducir a través de Mississippi: los árboles eran demasiado altos y las noches demasiado oscuras. Como hombre negro tenía un miedo primario y visceral del estado entero. Migrar allí como proveedor de abortos afroamericano era inconcebible para mí.

Luego reflexioné mejor sobre mi instinto de negatividad. "Si voy a decir que no a esto, es mejor que sepa lo que estoy rechazando," me dije a mí mismo, y en agosto del 2011 volé desde Washington, D.C. a Jackson, para conocer la última clínica de abortos abierta en Mississippi. Abordé el avión con cierta ansiedad, temeroso de que estuviera regresando en el tiempo, a un lugar donde los hombres blancos usaban corbatas delgadas y peinado hacia atrás, y la gente como yo era llamada "de color" o "*Nigro*". Tenía miedo, para ser honesto, de que la gente viera a través de mi piel y discernir quién era y lo que hacía todo el día. En vez de eso, lo que encontré fue un avión desproporcionadamente lleno de personas negras, gente regular, viajando a casa. Y al llegar al Jackson fui asombrado —encantado— casi de inmediato. Esperándome en el pequeño aeropuerto, por la acera, estaba Shannon Brewer, la administradora de la clínica. Joven, afroamericana, y en extremo inteligente, Shannon me recordaba a Earnestine. Nuestra conexión fue inmediata. Shannon era cálida pero seria. Había escalado a través de cada rol en la clínica; nunca fue a la universidad pero había lavado instrumentos y cristalería, aconsejó pacientes y mantuvo sus manos en la sala de intervenciones. Ahora ella dirigía el lugar: a cargo de las citas de los pacientes y el papeleo, las agendas de los doctores, y el presupuesto. Platicando todo el tiempo, Shannon me condujo a la clínica, un edificio único en una cuadra *hipster* de Jackson, que la dueña, Diane Derzis, había pintado de color rosado Pepto-Bismol, en un gesto de rebeldía declarada contra el conformismo y conservadurismo social. Allí, Shannon me presentó a Miss Betty, una mujer mayor que brindaba la consejería. El carácter de Miss Betty era abierto y cariñoso; era como la tía genial que todos deseaban tener. Había crecido en Mississippi durante la era de derechos civiles, y en los 1980s ayudó a lanzar la campaña presidencial de Jesse Jackson. Al madurar, Miss Betty re-direccionó el enfoque de su activismo de derechos civiles a reproductivos, y abordaba este trabajo con la confianza calmada y asertiva de alguien con una vocación. Lo que me impresionó es que todas a quienes conocía en conexión con la clínica eran mujeres. Y casi todos eran negras.

La ciudad de Jackson tampoco era para nada lo que esperaba. Estaba en medio de un renacimiento progresista. La clínica estaba a poca distancia caminando de una tienda de comida saludable y un bar que servía cerveza artesanal. Nunca comí allí pero, justo bajo la calle, había una gasolinera vieja renovada que ahora funcionaba como un lugar de barbacoas muy popular ingeniosamente llamado Pigs & Pints. Habiendo sido un punto caliente de conflicto racial en el país, la ciudad ahora tiene un alcalde negro. Y los modales y costumbres de quienes conocí allí —pues, me recordaban a mi familia, a personas que ya conocía—. Shannon y Miss Betty me contaron sobre las mujeres que llegaron al centro de Salud de la Mujer en Jackson —mujeres viviendo en el delta, en extrema pobreza, a veces conduciendo cuatro o cinco horas en carreteras del condado para llegar allí. Mississippi tiene una de las más altas tasas de embarazos adolescentes en el país, así como una de las tasas más altas de mortalidad infantil y materna. Nacionalmente, el nivel de pobreza es alrededor del 14 por ciento, pero en Mississippi, es 23. Y entre la gente negra de Mississippi, es 36. Estas historias, estos datos, reforzaron mi sentido de pertenencia en este mundo. Este era un lugar, y gente, que ya conocía a fondo, en lo profundo de mis huesos. Y luego Shannon y Miss Betty me hablaron sobre su activismo político. En ese entonces, la legislatura Estatal de Mississippi estaba considerando un proyecto de ley sobre "personería fetal", como la ley pendiente en Colorado en ese entonces. Pero los empleados de esta clínica, junto a una coalición de otros activistas de salud reproductiva, especialistas en infertilidad, defensores de víctimas de violación, y organizadores de mujeres de color habían organizado un contra-movimiento llamado Despierta Mississippi, una campaña para articular el gran impacto devastador que aprobar tal ley conllevaría. La ley no pasó. Estos eran trabajadores de atención a la salud que también eran activistas de derechos civiles, y reforzaban mi llamado actual. Supe que sin esta clínica, mantenida en funcionamiento por estas personas, las mujeres de Mississippi no tendrían opciones. Cuando Diane Derzis condujo de su casa de verano en Mobile para conocerme, quedé boquiabierto. Carismática, desafiante, y súper inteligente, Diane había estudiado como abogada y trabajado por años presionando en el área de derechos reproductivos. Era dueña de clínicas en Jackson, Birmingham, y Virginia —comprometida a los derechos de mujeres y luchando por su derecho a atención de aborto.

Volé de vuelta a Washington, sintiéndome totalmente involucrado y energizado —entendiendo mi vocación en una nueva manera. En Washington, en Filadelfia, había quien brindara abortos de sobra. Las dinámicas emocionales y conflictos internos alrededor del aborto en estos centros urbanos podía ser la misma para las personas que las necesitaban, y el procedimiento médico era idéntico, por supuesto. Pero así como en Hawái, las clínicas abiertas y doctores calificados estaban en todos lados, y las pacientes que realizaron su viaje interno de decidir tener un aborto y luego mover el cielo y la tierra para organizar una cita no se arriesgaban a una cancelación o reprogramación del procedimiento arbitrariamente por problemas vehiculares o enfermedad de quien proporcionaba los abortos. En Washington, D.C., si un doctor de abortos no se presentaba a trabajar, una mujer podía siempre tener su aborto —lo más probable en el mismo día—. En Mississippi, si el único doctor en agenda en la única clínica del estado tenía una emergencia familiar o faringitis, entonces cada mujer sentada en la sala de espera ese día estaba de mala suerte; obligada a reorganizar su vida de nuevo y regresar en otro momento. Vi cuánto podía contribuir en Mississippi. Llamé a Susan y le dije que sí, que viajaría de acá para allá. Entendí que al comprometerme a programar viajes regulares fuera de mis zonas seguras, estaba tomando mayor riesgo. Entendí que como doctor de abortos negro en el sur, me hacía a mí mismo fácil de ver, fácil de notar, un objetivo fácil —básicamente estaba saltando de la sartén al fuego.

**

El trabajar realizando abortos en el sur me permitió ver con mis propios ojos lo que sospechaba hacía mucho. No sólo los legisladores blancos de provincias eran culpables del gran número de nuevas leyes restringiendo el acceso al aborto, especialmente para mujeres viviendo en estados del cinturón bíblico. Habían flancos completos de la izquierda (entre ellos apasionados partidarios de derechos del aborto) para quienes era fácil mirar hacia otro lado ante la súplica de sus hermanas o quienes podían racionalizar las nuevas leyes, de alguna manera, como "razonables." Parcialmente, esto fue el resultado de una estrategia política mal direccionada.

En el 2005, esperando encontrar terreno común con los mismos conservadores que eligieron a George W. Bush, los demócratas recalibraron su posición en cuanto al aborto. En lugar de librar una guerra justa en nombre de las mujeres y su derecho constitucional a la libertad y privacidad, los demócratas comenzaron a conceder que el aborto era una elección "difícil," e incluso "trágica." Al hacerlo, atropellaron a Eva de nuevo, convirtiendo a mujeres adultas sensatas buscando aborto en víctimas, plagadas de su propio infortunio y mal juicio. Incluso Hillary Rodham Clinton no devolvió el progreso y contribuyó a esta devaluación bastante pública de las elecciones de las mujeres. "Todos podemos reconocer que el aborto en muchas maneras representa una elección triste, incluso trágica para muchas mujeres," le dijo a una audiencia en el 2005. (Desde entonces revisó su retórica, rechazando las leyes designadas para erosionar las elecciones de mujeres: "Todo lo que he visto," dijo durante su campaña para presidente en el 2016, "me ha convencido de que la vida es más libre, justa, saludable, segura y mucho más humana cuando las mujeres se empoderan para tomar sus propias decisiones de salud reproductiva.")

Suponiendo que construían "terreno común" con conservadores sociales, los demócratas comenzaron a trabajar alrededor de una "tercera vía," usando un lenguaje que presenta al aborto como una dificultad moral y a las mujeres que los buscaban como temerosas, agonizantes y llenas de temor. "El aborto es malo, y el número ideal de abortos es cero," escribió el columnista a favor del derecho a elegir Will Saletan en una opinión editorial del *New York Times*. Esta estrategia ignoró por completo los hechos históricos: durante el tiempo en que las mujeres han estado embarazadas, han buscado maneras para des-embarazarse, y por miles de años, los métodos que encontraron fueron dañinos para su salud, causando infección, enfermedad, e incluso la muerte. Como maniobra política, fue contraproducente de maneras incalculables, porque de repente un consenso moral bipartidista parecía estar surgiendo: si el aborto era malo, entonces las mujeres que buscaban abortos eran malvadas, y se deben implementar nuevas leyes para protegerlas de sí mismas.

El clamor de las mujeres en Mississippi también se intensificó por la habilidad de los progresistas y élites de la nación de hacerse la vista gorda, de desligarse de sus hermanas del sur o de considerarlas un caso perdido. Antes de que hiciera mi viaje, me sentía demasiado culpable por creer que había algo "retrógrada" sobre el estado que justifica la retirada. Así como a grupos de personas les gusta subordinar a otros grupos ante sí y obliterar su humanidad, regiones completas habían sido deshumanizadas también. Y Mississippi estaba al fondo. Incluso la gente que sostiene ideas sobre equidad y justicia pueden pensar que los problemas en Mississippi son demasiado intransigentes, tan imposibles de solventar que ninguna persona en su sano juicio y progresista tenía la esperanza de interactuar con ellos y tener algo de éxito. Así que la gente de Mississippi se vio aislada en su sufrimiento, excluidos de un mundo social y político mayor. Este desdén por lugares como Mississippi es lo que permite que su propio gobierno estatal no-democrático persista. Es un estado 55 por ciento negro, y casi todos los legisladores en ese estado son blancos.

¿Qué permite el desesperado aislamiento de las mujeres de Mississippi? En parte, son mujeres liberales con hijos que se han visto a sí mismas embelesadas con las imágenes del ultrasonido que vieron en la oficina del obstetra y que lloraron cuando escucharon el latido fetal. Especialmente cuando viajo en círculos liberales de clase alta veo una fetichización de la maternidad e hijos que no entiendo del todo, un universo diferente del mundo durísimo en el que crecí. Esta sacralización de la maternidad en cada sector de las clases privilegiadas permite un conservatismo social generalizado que, en primer lugar, disminuye la libertad de las mujeres: crea el consenso de que la maternidad es el papel más importante de una mujer. Cuando una sociedad acuerda tácitamente que un proceso biológico moralmente neutral —la procreación— es "milagroso," entonces cualquier intervención en ese proceso puede ser vista como profana, y cualquier elección en contra de la maternidad será encontrada con amplia desaprobación. (En las iglesias de las que vengo, un "milagro" es la intervención de Dios en el orden natural de las cosas —una habilidad, digamos, de convertir un jarro de agua en vino o partir un pan para muchos—. De la manera que yo lo veo, a través de los ojos de doctor, no hay quizá nada en la tierra menos milagroso o más común y corriente que el proceso animal de la procreación humana, la cual ha ocurrido mucho antes que la Biblia fuera escrita y continuará mucho después que los recién nacidos de hoy mueran.) Pero entre las élites, la misma gente que hace cheques para Planned Parenthood, la industria entera de la paternidad ha tomado un aspecto invernadero, que admite un consenso ambiguo sobre la "santidad de la vida" para florecer —en lugar de una definición clara de lo que la "vida" realmente es. Los blogs de mamás, las conversaciones sobre "tenerlo todo" y "paternidad helicóptero" —todos contribuyen a una neurosis cultural sobre la maternidad que oscurece lo que debería ser una elección libre de valores. Hay una preferencia de culto incrustada de tal manera en la cultura que incluso mujeres en buena voluntad juzgan reflexivamente en base a sus elecciones reproductivas. Ahora se puede escuchar una mujer de "mente abierta" expresando su desaprobación sobre el aborto de su cuñada ("¡Ella podía costear tener otro bebé!"), o para juzgar en privado como "egoísta" la decisión de su amiga de no tener hijos. La verdad es que no hay valor moral intrínseco en convertirse en una madre o no. Una mujer que continúa un embarazo simplemente están priorizando su vida alrededor de la maternidad. Y una mujer que tiene un aborto está priorizando su vida alrededor de no convertirse en una madre o dedicarse ella y sus recursos a los niños que ya tiene. Los Homo sapiens continuarán reproduciéndose y evolucionando, con o sin la participación individual de cualquier mujer en el proceso.

Pero en los estados del Cinturón Bíblico, los anti-aborto se han aprovechado de esta reverencia cultural extendida por la maternidad como una apertura. Si una cultura presume que la maternidad es, a priori, un bien moral y religioso, entonces la gente no se revelará automáticamente cuando se implementen leyes que esencialmente obligan a las mujeres a convertirse en madres. Los liberales pueden conocer que estas leyes promulgadas en otro lugar, en estados donde probablemente no vivirán, que requieran consejería y períodos de espera, amplios pasillos y privilegios de internalización hospitalaria, y encogerse de hombros: Ninguna de ellas parece, de buenas a primeras, tan mala. Después de todo, ¿No deberían protegerse las mujeres? Pero esto es paternalismo y complacencia, una desviación de la verdad. Como el comentador político y comediante nocturno John Oliver lo dijo, "El aborto no puede ser teóricamente legal." No importará que el aborto es ley suprema si existen menos clínicas de abortos tradicionales —cerradas por no cumplir con un millón de nuevas reglas y restricciones arbitrarias—. Cada vez más, el acceso limitado o nulo al aborto es una realidad. Ochenta y nueve por ciento de los condados en Estados Unidos no tienen quien realice abortos en absoluto; casi el 40 por ciento de las mujeres estadunidenses en edad fértil vive en estos condados. Eso significa que en promedio una mujer tiene que conducir casi cincuenta kilómetros a una clínica, y más de 80 si vive en un área rural —aún más si busca un aborto después de veinte semanas.

Desde la relativa seguridad de los estados demócratas, los votantes que apoyan los derechos de abortos pueden ser aislados del impacto devastador que algunas de las nuevas leyes tienen en la vida de las mujeres. Como gobernador de Indiana, el Vice-presidente Mike

Pence dio fuerza a su ley con una firma que prohíbe el aborto en base al diagnóstico de una discapacidad fetal, y requiere que quienes brindan aborto aconsejen a los padres sobre servicios perinatales hospitalarios, incluso en el caso de una anomalía fetal letal. La hospitalización perinatal no es un protocolo médico establecido sino que un manojo de servicios inventados por fuerzas anti-aborto. Lo que los antis quieren es que fetos no viables vivan dentro del útero hasta que mueran de causas naturales, lo cual incrementa el riesgo del daño a la salud de la madre, porque cada embarazo es potencialmente más peligroso a medida que se acerca a su término. Esta misma ley en Indiana es la que requiere que un feto sea cremado o enterrado luego de ser abortado o perdido en un aborto involuntario —inclusive en contra de los deseos de la mujer—. En Alabama, una ley del 2014 requiere que una menor de edad que desea un aborto sin el permiso de sus padres vaya a la corte, donde el estado puede nombrar un abogado para el feto. El juez a cargo puede retrasar o aplazar el caso indefinidamente, causando en efecto que a la chica "se le acabe el tiempo" del período para un aborto legal, el cual en Alabama es veinte semanas después de la fertilización. En recientes años, tres estados —Arizona, Arkansas, y Dakota del Sur— aprobaron leyes que requieren que quienes brindan abortos le digan a las mujeres que eligen abortos medicados que pueden "revertir" el proceso tomando dosis altas de progesterona. Poniéndolo simple, esto no es cierto.

Imploro a todas las mujeres estadounidenses a que examinen su prejuicio sobre el aborto, que busquen en sus almas la terrible doble moral que define este debate. ¿Piensas en privado que las mujeres de color que viven en regiones lejanas son un caso perdido, o que son de alguna manera "diferentes a ti"? ¿Perpetúas un sesgo al pensar que limitar el acceso al aborto está bien para otras mujeres (pobres, negras y latinas, o de estados republicanos) mientras que tu doctor prescribirá la pastilla para el aborto si la necesitas, mientras las clínicas de aborto permanezcan abiertas en tu estado? ¿O en secreto te encuentras aprensiva sobre los derechos del aborto ahora que has visto las imágenes de ultrasonido de tu hermoso y amado hijo en el útero? ¿Te descubres estando de acuerdo, aunque sea un poco, en que la vida comienza en la concepción, que el aborto es trágico? ¿Piensas que si las mujeres en las sillas de la clínica sólo supieran lo gratificante que es la maternidad, quizá lo reconsiderarían?

La vida es un proceso. Tu vida es un proceso. Como un ser humano libre, te es permitido cambiar tu opinión, de encontrarte en circunstancias diferentes, de cometer errores. Te es permitido desear tu propio futuro. Lo que veo es esto: Las mujeres que entran a las salas de espera de las clínicas de aborto en estados como Alabama y Mississippi poseen un ingenio y resistencia que es imposible ver desde las provincias en los Ángeles o Chicago o Nueva York, y una habilidad pragmática de reconciliar lo que entienden sobre Dios y las circunstancias bastante reales de sus vidas. Estas mujeres no son diferentes a ninguna mujer, en ningún lugar. Son sabias e inteligentes.

Es más probable que sus esperanzas y sueños estén estancados, pero quieren las mismas cosas que cualquiera desea —es decir, un sentido de control sobre el resto de sus vidas.

Trabajar en el sur me hizo este punto evidente. En lo que respecta a proteger el derecho al aborto legal y seguro, todas las mujeres son hermanas. Una amenaza legal al acceso al aborto para mujeres pobres afroamericanas es una amenaza legal a las mujeres blancas, también. Una prohibición estatal en abortos de veinte semanas afecta a cada mujer, sin importar su ingreso o la escuela a la que asisten sus hijos. Puede ser fácil hacer caso omiso de la demanda de mujeres como aquellas que vienen a las clínicas donde trabajo, pero si los legisladores logran remover los derechos de las mujeres pobres para tener abortos, también estarán eliminando silenciosa pero inexorablemente todos los derechos de las mujeres. La solidaridad es la mejor defensa.

He visto esta solidaridad funcionando, especialmente en salas de recuperación. Luego de los abortos, las mujeres con frecuencia se encuentran volátiles, inundadas con alivio o con lágrimas en los ojos al final de un largo viaje interno. Con frecuencia he visto a dos mujeres, completas desconocidas, negras y blancas, tomándose de las manos a través de las barras de las camillas, una mujer en medio de su turbulencia emocional y la otra ayudándole a sobrellevarla.

CAPITULO 11

Regreso a Casa

Comencé a realizar abortos en mi estado natal de Alabama incluso antes de comenzar a trabajar en Mississippi. En mayor medida que otros estados, Mississippi tiene un procedimiento de licencia rígido y punitivo. Tuve que viajar a Jackon para que tomaran mis huellas dactilares antes de que pudiera ejercer allí, y tomó un tiempo para que mi licencia fuera emitida. Mientras tanto, Diane necesitaba ayuda en la clínica Nueva Mujer Toda Mujer en Birmingham, la misma clínica que sufrió un atentado de bomba en 1998 por Eric Rudolph, un incidente en el cual un guardia de seguridad fue asesinado. Cuando llegué a mi primer día de trabajo en la clínica Nueva Mujer, me recibió Emily Lyons, ahora de sesenta, la enfermera que perdió su ojo y parte de su mano en ese bombardeo. Me hacía sentir minúsculo. En cada fase después de la conversión en mi carrera, fui forzado a considerar cuidadosamente los riesgos que estaba tomando, personalmente, al acceder a realizar este trabajo. Entre más me involucraba en la causa de los derechos reproductivos para las mujeres, más entendía que me estaba colocando en la línea de fuego. Y aunque me gustaba pensar que yo era valiente, he aquí una mujer verdaderamente heroica. Había perdido la mitad de su cara, y la mitad de una mano, y estaba casi ciega del ojo que aún tenía. Y sin embargo aún aconsejaba mujeres y protegía sus derechos.

De varias maneras, nunca me fui de Alabama. Siempre iba a casa para navidad o acción de gracias y viajaba allí una o dos veces más durante el año. Además, mis hermanos y hermanas y yo nos hemos mantenido en contacto cercano. Pero al madurar, comencé a verme no sólo como lo que fui al inicio, un sureño negro, sino también como aquello en lo que me había convertido —un ciudadano del mundo— cómodo con gente de todas las razas y culturas, amante de los viajes, la música y la gastronomía. Lanzado de vuelta a Birmingham de esta manera rutinaria y regular, me vi obligado a reconsiderar la ciudad de mi juventud. Ahora motivado por preocupaciones de justicia reproductiva, comencé a leer de manera voraz sobre la orgullosa historia de Birmingham en la lucha por los derechos civiles. Inhalé el libro Esclavitud con Otro Nombre de Douglas Blacmon, sobre el papel de Birmingham en la industrialización de nuestra nación, cambiando de una economía agrícola a gran escala, erigida sobre las espaldas de esclavos africanos, a una economía basada en acero y carbón, construida en las espaldas de hombres negros que trabajaban como sirvientes forzados o que eran obligados a trabajar como mano de obra carcelaria cumpliendo sentencias por tiempos indefinidos. Leí el asombroso trabajo Cárgame a Casa de Diane McWhorter, sobre el activismo y terrorismo que definió a Birmingham en los 1960s. Aprendí que durante la batalla por los derechos civiles, Birmingham era conocida como Bombingham, una referencia al terrorismo doméstico regular infligido en los negros. Ahondé sobre la vida del Reverendo Fred Shuttlesworth, nativo de Birmingham, co-fundador de la Conferencia de Liderazgo Cristiano del Sur y un colega de King, quien ayudó a organizar la Marcha de la Libertad. De acuerdo a la leyenda que cuando el Ku Klux Klan le dio una paliza que le llevó al borde de la muerte, Shuttlesworth le dijo a un policía "Yo no fui criado para huir."

En efecto, las historias de estos héroes de los derechos civiles me aclaraban el riesgo que enfrentaba, pero también infundía en mí cierta tranquilidad sobre la obra de mi vida. Nunca olvidaré mi primera visita a la Iglesia Bautista de la Calle 16. Fue bombardeada cuando tenía menos de un año, y aunque fue reconstruida casi inmediatamente, no la visité hasta que tenía cincuenta y uno. Hoy, la iglesia es una parada regular en peregrinajes de derechos civiles, y frecuentemente hay buses de recorridos estacionados por la acera. Los turistas toman fotos de la ventana rosada, instalada luego del bombardeo, mostrando un Jesús negro en vitral, y sufren escalofríos cuando descienden al sótano y ven el reloj allí, conservado luego del bombardeo, que dejó de dar la hora a las 10:22.

Cuatro chicas jóvenes fueron asesinadas ese día: Addie Mae Collins, Carol Denise McNair, Carole Robertson y Cynthia Wesley, la mayor tenía catorce años. Para mí, es representativo y simbólico que las víctimas de la violencia ese día hayan sido mujeres. Tenían sus vidas —su potencial de convertirse en mujeres— arrebatadas. Las analogías son claras. A las mujeres que vienen a las clínicas de abortos en el sur se les niega el control de sus cuerpos y de sus vidas.

En enero del 2012, tres meses antes de que tuviese mi licenciatura de Mississippi, la gente eligió a un gobernador republicano, Phil Bryant, quien había prometido hacer de Mississippi un estado libre de abortos. En ese entonces, en abril, promulgó una ley (similar a la ley de Texas, declarada inconstitucional por la Corte Suprema en 2016) que requería que todos los médicos trabajando en la clínica de Salud de la Mujer de Jackson fuesen ginecólogos obstetras certificados por una junta: teníamos que obtener privilegios de hospitalización de un hospital local, insistían quienes promovían la ley, para proteger la "salud y seguridad" de las mujeres en Mississippi en el caso de un percance durante el procedimiento quirúrgico. Ahora todos en todos lados entienden que esta racional de "salud y seguridad" era ridículamente fraudulenta: la verdadera intención de la ley era cerrar la clínica. El aborto es más seguro que la cirugía plástica ambulatoria y muchos otros procedimientos —y a esos doctores no se les requiere tener privilegios de hospitalización—. Inclusive, si el 0.05 de los pacientes necesitaran ser ingresados al hospital por un accidente o incidente ocurrido durante un aborto, serían recibidos por el departamento de emergencias del hospital, sin necesitar "privilegios" especiales. Estas leyes están diseñadas para atrapar a doctores como yo, que llegan de fuera de la ciudad sin conexiones locales, y desde el momento en que comencé a realizar abortos en Mississippi, me encontré atascado en su red. Tenía un diploma médico de la Universidad de Iowa, un grado de salud pública de Harvard. Había sostenido posiciones como facultad en la Universidad de Hawái, así como las universidades de Howard y Northwestern. Pero no podía obtener privilegios de hospitalización en Jackson, Mississippi, porque nadie en el lugar se saldría de las filas para dármelos a mí. Estaba en una paradoja. En julio, el departamento de salud de Jackson amenazó con cerrar la clínica por incumplimiento con la ley.

Allí fue cuando el Centro por los Derechos Reproductivos entró en acción. El CRR (por sus siglas en inglés) es un grupo de incidencia basado en Nueva York, un conjunto de abogados que vigilan el panorama legal de la nación sobre el tema del aborto y lideran casos cuando creen que tendrán el mayor impacto. Representaron a mi amiga Amy Hagstrom Miller y Salud Integral de la Mujer en su victorioso caso del 2016 en la Corte Suprema contra el estado de Texas. Son guerreros, empujando contra la ola de leyes que restringen el acceso. Y Nancy Northrup, que dirige CRR, creía que la ley de Mississippi era inconstitucional —ya que sin tan sólo una clínica en todo el estado, las mujeres serían despojadas de su derecho constitucional a un aborto legal y seguro, como establece *Roe*—. A medida que CRR se preparaba para presentar la demanda en una corte Federal, sus abogados me consultaron si estaba de acuerdo en ser nombrado, en los documentos de la Corte, como demandante, junto a la clínica. La manera en que me sentí al respecto fue esta. Si no estoy dispuesto a levantarme —en público, con mi cara en las noticias— e incidir por las mujeres, entonces; ¿Dónde están las agallas de mi compromiso? Si estoy dispuesto a colocarme en riesgo físico pero no hago lo necesario para proteger el acceso al aborto y construir la capacidad de mantener las clínicas abiertas y animar a que más doctores realicen abortos inspirándolos con mi ejemplo, ¿Para qué cambié mi vida? No me importaba el escrutinio público. Sabía que mis credenciales eran incuestionables: nadie podía descubrir algo impropio sobre mi ejercicio. Además, no tengo a nadie a quien estoy obligado a proteger —excepto a las mujeres que dependen de mí cada día, para darles lo que necesitan de manera hábil y compasiva—. Era como si Dios me hubiera puesto en Mississippi para defender a las mujeres. La única respuesta real para mí era decir "Sí."

Siempre veía a mi familia cuando iba, pero nunca les conté con exactitud lo que hacía allí. Sabían, por supuesto, que era doctor y que había cumplido la constante predicción de mi madre, que yo era un "chico listo." Estaban orgullosos de mí. Eso era suficiente para ellos, y nunca me hicieron ninguna pregunta.

Pero alrededor del tiempo en que me volví un demandante en la demanda legal de la clínica contra el Estado de Mississippi, mi hermano menor, Steve, se enfermó, una combinación letal de hipertensión y enfermedad cardiovascular y pulmonaria. Incapaz de trabajar, perdió su trabajo como obrero en una planta de acero. Sin un trabajo, no pudo seguir haciendo los pagos del carro que recientemente había comprado. Yo vivía en D.C. en ese entonces y viajaba a Alabama y Mississippi. Con deseos de ayudar a mi hermano a salir de una situación apretada, llamé a Steve y le dije que si viajaba a Washington a recogerlo, le daría mi carro, un Honda que rara vez usaba. Él y su esposa llegaron a verme en mayo del 2012, y cuando miré a Steve por primera vez desde la última cena de acción de gracias, me impactó. O mejor dicho me partió el corazón. Sabía que estaba enfermo, pero no estaba preparado para la medida en la que se había descompensado. Pesaba casi quinientas libras. Sudaba abundantemente. Un pequeño esfuerzo, como subir las gradas a mi apartamento, le cortó la respiración, y la falta de aire lo desesperaba y le causaba ansiedad. Al verlo a través de mis ojos de doctor, me di cuenta que Steve podría morir.

Tomó más o menos otro año para que mi vida se encausara de tal manera que me permitió mudarme de vuelta a Birmingham a tiempo completo, pero fue durante esa visita que entendí lo que debía hacer. La salud de Steve era demasiado frágil. Como médico, sabía que podía ayudarle a manejar su cuidado y ayudarle a guiarlo a través del sistema de salud. Como su hermano mayor, y lo más cercano a un padre que nunca tuvo, quería mantenerlo monitoreado. Más que eso: quería ser una influencia positiva, elevar sus ánimos. Quería asistirlo, si fuera posible, ser solidario con él y animarlo a perder algo de peso y a dejar de fumar y beber. (Dejó de fumar por completo y en cuanto a la bebida, aún disfruta un trago de Hennesy, o "Henny" como lo llama, socialmente, de vez en cuando. ¡A veces los anti-aborto me hacen desear beber, lo cual me permitiría acompañar con un trago a Steve y Fred cuando estemos juntos!) Esperaba que Steve aprendiera a aprovechar la vida, y no estar sentado en su casa, sin moverse, con temor de que su vida hubiera terminado.

Así que por razones personales y profesionales, la idea de mudarme de vuelta a casa resonaba conmigo. Aunque fuese, de varias maneras, un pez fuera del agua en Birmingham, un doctor de abortos afroamericano nacido en la pobreza en esta misma ciudad, comencé a sentirme cómodo con mi nueva realidad. Encontré bendiciones en mi logro, y me gustó que fuese un local y alguien de afuera al mismo tiempo. Este era mi hogar. Yo pertenecía acá, y sin embargo era un desconocido. Comencé a vislumbrar cómo la trayectoria de mi vida y mi identidad única podían empoderar a otros a hacer este trabajo y llamar la atención sobre la falta de acceso. Esperaba que al poner mis apuestas en Birmingham, al menos por un tiempo, inspiraría a otros realizadores de abortos a considerar el sur no sólo como un campo de batalla, o un lugar donde la gente pobre necesita de su ayuda, sino como un lugar a donde los médicos progresistas de mente abierta puedan vivir con comodidad, haciendo el ejemplo para sus colegas. La incidencia es mucho más significativa cuando vives en la comunidad a la que sirves —y no sólo volar de ida y venida, ciegos y desconectados de todos los problemas adyacentes del racismo, pobreza, y la debilitación de los sueños. Me encontré en un punto de mi vida donde quería ser un modelo para ese nivel de compromiso. Así que alquilé un apartamento pequeño en un área gentrificada de Birmingham. Un documentalista vivía justo arriba de mí y alguien que tocaba el bajo al lado. Puse mi colección de ollas de cocina en la cocina y mi bajo doble en una esquina de la sala, y limité mi circuito al sur. Trabajé en Tuscaloosa, Montgomery, y Jackson, viajando ocasionalmente a Atlanta, al Centro de Mujeres en Buckhead.

Mis hermanos descubrieron que era doctor de abortos porque comencé a salir en televisión. Mi primera aparición importante, recuerdo, fue el 1 de julio de 2012, luego de que el CRR presentara su demanda contra el estado de Mississippi, y me invitaron a MSNBC para hablar con Melissa Harris-Perry al respecto. Steve me vio ese día en televisión y le sorprendió tanto como a todos. El rumor se esparció rápidamente entre mi familia. No creo que estuviera evitando el tema. Sólo pienso que no parecía importante —mis relaciones con mis hermanos estaban basadas en sangre y parentesco, no en circunstancia. Nosotros, como muchas familias, habíamos pasado por mucho. Experimentamos pérdida, divorcio, paternidad única, drogadicción, problemas de salud, y cárcel —y ninguno de mis hermanos sintió que debíamos llamarnos la atención unos a otros o criticar nuestras elecciones individuales—. Nunca sentí que necesitaba hacer un anuncio oficial ante mi familia sobre mi profesión, y resulta que estaba en lo correcto. Ninguno de mis hermanos tiene ninguna objeción de principios sobre lo que hago para vivir, y todos están sumamente orgullosos. Cuando me llamaron luego para inquirir sobre mi encuentro con Harris-Perry en televisión nacional, no mencionaron aborto, demandas, o la controversia que mis elecciones profesionales inevitablemente levantarían. Lo que dijeron fue cuánto me parecía a nuestra madre. Tenía, me dijeron con amor, "esa sonrisa Parker."

CAPÍTULO 12

Atención Ética de Aborto

Un día, una niña de doce años yacía sentada en la sala de espera de Tuscaloosa con su madre. Su piel era caramelo y su complexión físicamente madura, pero con la cara de una niña. Cuando vino esa mañana se mostró tímida y callada, pero se le administró una Xanax, como a todas las otras pacientes, y ahora esperaba con otras mujeres mucho mayor que ella, sintiéndose voluble y desinhibida. Cuando su madre salió al estacionamiento por un cigarrillo, una de las otras pacientes, una mujer blanca que de casualidad tenía a una hija de doce años en casa, se volteó hacia ella amablemente y entabló conversación, esperando de manera maternal guiarla fuera de lo que imaginaba era contacto inapropiado con chicos mayores en la escuela. "¿Con quién estabas involucrándote?" le preguntó a la chica. "¿Sabes que no deber andar con esos muchachos?".

La chica contestó, tan inocente que casi parecía atrevida. "No es un muchacho. Tiene cincuenta y tres y es mi papi, y después va a recogernos y vamos a ir por un helado." La sala de espera se quedó en silencio. Y la mujer blanca se levantó de su silla entre todas las rodillas y tobillos cruzados y manos en el regazo, a través de la puerta de vaivén que llevaba a las salas de procedimiento y al pasillo largo hacia la oficina del dueño. Para cuando la mamá de la chica regresó adentro, habíamos llevado a la niña a la oficina. Gloria Gray, la dueña de la clínica, había llamado a los Servicios de Protección Infantil y la policía venía en camino. Gloria y yo estábamos en total acuerdo sobre nuestro deber estipulado de reportar situaciones de este tipo a las autoridades, una obligación que he honrado con todos los menores dependientes. Pero cuando la madre no vio a su hija en la sala de espera, entró en sospechas inmediatamente. La situación se volvió dramática.

A los anti-aborto les gusta pintarnos, a los médicos que brindan atención de abortos, como mecánicos automotrices que realizan abortos para los clientes por una tarifa. "El aborto a petición," la frase de los antis, engloba todos estos significados. Para los antis, un compromiso con la "elección" es algo impensable e irreflexivo — tan reductor y simplista como "la vida comienza en la concepción." Pero un compromiso apasionado con la voluntad de las mujeres y la autodeterminación no excluye un marco ético, y durante años he trabajado para desarrollar un sentido complejo y tridimensional sobre la moralidad alrededor de lo que significa brindar abortos. He trabajado en mi propia ética sobre el asunto, y las mantengo firmes mientras me mantengo abierto al cambio. Y, para ser honesto, llamar a los Servicios de Protección Infantil fue una de las cosas más difíciles que he tenido que hacer. La niña había sido adoptada en un hogar infantil por estos padres y había vivido con ellos por seis años. Se sentía agradecida y protectora de las personas que ella veía como su familia. No entendía del todo lo inadecuado en que su padre tuviera sexo con ella. "Él ya no lo hace," le dijo a la trabajadora social que llegó con la policía. Y la madre, también, estaba en negación, creyendo que si mantenía en vigilancia cercana a su esposo, su hija estaría a salvo de él. La realidad de la niña era desgarradora. Pero basado en el lugar donde vengo, y en mi docena de años brindando atención de salud para mujeres, sabía que mudar a una niña de doce años de un hogar adoptivo a otro no hacía nada para mejorar sus oportunidades en la vida. La chica estaba atrapada entre dos lugares terribles.

Siento ira cuando pienso en los hombres que hacen este tipo de cosas, que roban a las niñas de su infancia y violan su confianza simplemente para satisfacer sus propios impulsos sexuales. Pero en mis años de hacer este trabajo, entendí que cómo me siento sobre cada individuo debe ser puesto a un lado en la sala de procedimientos, o al menos subyugarlo a una mentalidad ética más racional y consciente. No puedo dejar que mis propias emociones e impulsos dictaminen mi actuar. Mi trabajo no puede depender de si me agrada la paciente o no, de si apruebo o desapruebo sus circunstancias. Rara vez intervengo en la vida de mis pacientes. Si tomo mi compromiso cristiano de no juzgar con seriedad a las mujeres —y lo hago, con mayor prioridad que cualquier otra cosa— primero debo aceptar que soy humano, una persona con mis propios prejuicios, arraigados en el lugar y la forma en que fui criado y la trayectoria de mi vida. A fin de no actuar basado en esos prejuicios y para no imponerlos en los demás, he desarrollado un marco ético claro, que aplico al brindar atención de aborto en cada caso, lo cual espero ayude a empujar fuera mi juicio personal. Este marco me permite ver la humanidad en cada mujer y también me brinda un espacio en el cual hago mi trabajo con eficiencia y compasión.

En primer lugar, obedezco la ley. Esto significa llamar a los servicios de protección infantil cuando una menor de edad viene a una de las clínicas donde trabajo y hace una acusación voluntaria o involuntaria de incesto o abuso. Mi propia ira hacia las personas que el estado confió para cuidarle, y mi conocimiento de salud pública y de los prospectos para los chicos que fueron abusados o trasladados de hogar en hogar, a quienes de se les impide establecer lazos de confianza como niños, deben ser puestos a un lado. No realicé el aborto de la niña el día en que estuvo en la clínica de Tuscaloosa, y cuando regresó a casa con una trabajadora social para ser colocada en un nuevo hogar adoptivo —y no con su madre, a quien ella amaba y con quien sentía una fuerte conexión familiar. Sí le realicé una dilatación y evacuación cuatro semanas después, en una clínica en Atlanta, donde tuvimos la oportunidad de sedarla completamente. Luego enviamos el tejido fetal a Alabama con un oficial de la corte, donde sería examinado su ADN y usado como evidencia en contra de su padre adoptivo.

Al mantener mi compromiso de regirme por la ley, también cumplo con cada regulación TRAP, no importa qué tan injusta o discriminatoria creo que sea. Hago esto porque es más importante para mí realizar abortos que no hacerlos, y porque entiendo que mi reputación de ser un excelente doctor de abortos "seguros y legales" es todo lo que tengo; el minuto en que recurra a tácticas de guerrilla, habré perdido la autoridad moral.

En mi trabajo, me atengo por el consenso, establecido por Roe y la ciencia médica, alrededor de la "viabilidad." De acuerdo a Roe, el estado tiene un interés imperativo de proteger la vida de un feto sólo cuando alcanza el punto en el que puede sobrevivir fuera del útero con la ayuda de tecnología médica. No terminaré un embarazo más allá de las veinticinco semanas. Por un millón de razones, este límite tiene sentido para mí. Por un lado, aunque el aborto es muy seguro, se vuelve más riesgoso a medida que la edad gestacional del feto incrementa. No me siento cómodo asumiendo ese riesgo —

especialmente si el único motivo de una mujer para terminarlo es su preferencia personal. No lo haré. Si tienes veintiocho semanas y simplemente no quieres estar embarazada, o no quieres dar a luz — eso no es un uso correcto de mis habilidades.

Pero no creo en los absolutos morales, por lo que esta negación moral tiene sus particularidades. Manteniéndome fiel a mi insistencia en que las mujeres deben ser las agentes de sus propias vidas y futuros, referiré a una mujer que desea un aborto de veinticinco semanas a otro doctor. Hay tres clínicas ambulatorias en los Estados Unidos (en Colorado, Nuevo México y Maryland) que hacen abortos en el tercer trimestre, casi siempre en el caso de una anomalía fetal mortal o un riesgo para la vida de la madre. Una vez una mujer joven llegó a la clínica de Tuscaloosa con su madre. Dijo que pensó que tenía ocho o diez semanas, pero en el minuto en que coloqué mi mano sobre su abdomen supe que tenía mucho más que eso. Tal vez me mentía porque le había mentido a su madre. Tal vez se mintió a sí misma. Pero hice su ultrasonido, y miré que tenía veintiocho semanas de embarazo —mucho más que la prohibición de Alabama a las veinte semanas (post-fertilización), más allá de la línea de viabilidad, más allá de mi experiencia médica y mi zona ética de confort. "¿Hay algún lugar donde ella pueda tener un aborto?" suplicó la madre. Les di la información de contacto de las clínicas en Colorado y Nuevo México y les dije que un aborto en esos lugares cuesta entre $7,000 y $15,000. No les dije que los doctores en esos lugares probablemente no realizarían el procedimiento debido a que, a las veintiocho semanas, la preferencia de la paciente —o un "me equivoqué"— no es indicación médica. No es mi papel bloquear a nadie en la búsqueda de sus intereses o retener información.

También me rehúso a realizar abortos en mujeres que creo que están siendo forzadas. Hay tantos factores en juego en la decisión de una mujer que esto puede ser difícil de discernir. Cualquier tipo de mujer termina en mi camilla, y no le interrogo sobre las circunstancias de sus vidas, porque los detalles personales están fuera de mi ámbito. No necesito saber con quién estuvieron o porqué o si estaban siendo infieles o qué tan excitadas estaban o qué tan arrepentidas están, y este límite me ayuda a mantener mi postura de total compasión y sin prejuicios. Las mujeres en mi camilla están casadas o solteras o tuvieron sexo con múltiples parejas. Pueden tener quince años o cuarenta y cinco, ser ricas o vivir con asistencia social, empleadas o no, delgadas u obesas, hermosas o sencillas. Como me gusta ponerlo, cualquier tipo de mujer puede terminar en una situación apretada; mi trabajo es, de manera muy simple, ayudarlas a salir. Pero al mismo tiempo, hago todo lo que puedo para explorar lo que para mí es la cuestión central, que cuenta con dos partes. Primero: ¿Tomaste esta decisión tú misma? Y segundo: ¿Estás decidida al respecto? Una mujer tiene derecho a sus propios arrepentimientos, así como su propio conflicto interno y ambivalencia moral. Pero no haré un aborto si siento que no es su propio deseo.

Los conflictos internos alrededor del aborto son completamente normales. Incluso diría que es el camino usual. A muchas de las mujeres que atiendo les gustaría completar su embarazo pero sienten que no pueden. Una mujer con cinco hijos acaba de perder su menor de cáncer y no tiene el ancho de banda emocional. Una mujer con tres hijos acaba de divorciarse y su hijo menor no ha aprendido a caminar. Una mujer acaba de perder su trabajo —y su ingreso y su seguro de salud—. Una mujer está enferma, o su madre está enferma, o desea que su novio le acompañe pero él no lo hará. Defino un dilema como una decisión entre dos opciones indeseadas sin oportunidad de evitar la elección. La gran mayoría de mujeres que atiendo han navegado su dilema y han aterrizado con firmeza en el lugar donde se encuentran a sí mismas. Las particularidades de la trayectoria de su decisión no me son irrelevantes. Mi trabajo es sondear buscando una falta de decisión, ya que allí yacen las zonas de peligro ético.

La coerción viene de muchas formas, y a través de los años la he visto desplegarse en un sinfín de maneras. Cuando era un doctor joven, desarrollé un interés en abuso de parejas íntimas —la primera causa en la que me involucré como activista—. Cuando estaba en Harvard, en mis treintas, trabajando en mi título médico de salud pública, miré una película sobre violencia de género y las maneras en que los perpetuadores cubren sus huellas. Me hizo recordar un momento difícil de alerta con una paciente que atendí en mi primer año de residencia cuando estaba en Merced, California. Una mujer blanca, en sus treinta, llegó a la clínica donde trabajaba quejándose de un dolor pélvico generalizado. Tomé su historial, y en todo el rato su esposo no dejó de estar a su lado. Al hacerle preguntas, intervenía constantemente —siempre dulce y cariñoso pero sin dejarle contestar por sí misma—. Y cuando era momento de realizar la valoración pélvica, la acompañó incluso al cuarto de examinación. "Querida," le dijo con voz dulce, "quiero estar para ti. No quiero que pases por esto tú sola." Ese día en Harvard aprendí que el 30 por ciento de las mujeres que ven a sus doctores a raíz de un dolor pélvico generalizado son víctimas de abuso o violación, y recordé cómo me sonreía la esposa —con su cara pero no con sus ojos—. No sabía lo suficiente ese día en Merced —me perdí todas las señales— y despaché a la mujer a su casa con algunos medicamentos para el dolor y le dije que regresara en un par de semanas. Nunca la vi de nuevo. Lo lamentaré por el resto de mi vida.

En las clínicas de aborto donde trabajo, me empeño en investigar cada laceración que veo en una mujer en la mesa de examen. A veces una mujer puede tener un hematoma en su muslo interno al golpearse en una mesa —pero no es usual. Y cuando investigo, con frecuencia una mujer dirá que ha decidido terminar un embarazo para escapar una pareja abusiva; sabe muy bien que tener un hijo la atará a su abusador por el resto de su vida. Pero a veces el balance oscila hacia el otro lado, y la mujer está en mi mesa porque alguien —un novio, un padre, una madre— la obliga a estar allí. Me he vuelto hábil para discernir estos casos, también, que usualmente se registran en mi radar por sus lágrimas. Cuando le pregunto sobre su llanto, ella cuenta, "Mi novio dice que si no tengo este aborto, él va a…" hacer algo. Golpearla. Matarla. Dejarla. Matar a sus hijos o a su madre. Sin importar lo que esté haciendo, me detengo allí mismo. Esto pasó, de forma más memorable, cuando trabajaba en Planned Parenthood en Washington, D.C. Mi paciente tenía alrededor de veintisiete años, comprometida a casarse. Se mantuvo contenida a través del ultrasonido y la preparación, pero en cuanto introduje el espéculo, comenzó a llorar incontrolablemente. Cuando le consulté sobre este torrente emocional, me contó que su prometido le dijo que si no tenía el aborto, la dejaría. En ese momento, paré lo que estaba haciendo. Removí el espéculo. Escucho lo que me cuentas, le dije. Pero no puedo hacer esto a menos que sepa que la decisión viene de ti. Ella no podía dejar de llorar, así que la levanté de la mesa y la envié de vuelta a los vestidores a cambiarse y a tener otra conversación con un consejero. Si luego de la consejería estás decidida, realizaré tu aborto, le dije. Ella se fue de la clínica y nunca regresó.

Cuando una mujer me cuenta que su novio ha amenazado con asesinarla o golpearla si decide no terminar su embarazo, me rehuso a hacer su aborto. No tengo razones para no creerte, le digo. Pero este es un problema legal, y soy un doctor, no un abogado ni un oficial de policía. Te ayudaremos a encontrar un refugio. Te ayudaremos a obtener una orden de restricción en contra de tu novio. Si, luego de alejarte de tu novio, descubres que terminar tu embarazo es algo que deseas hacer, pues entonces estoy aquí del siguiente miércoles al viernes y la clínica abre a las siete de la mañana.

Me duele decir esto, pero a veces las madres —que creen que están siendo cuidadosas y que en el fondo protegen los intereses de sus hijas— son las peores. Cuando veo a pacientes adolescentes sentadas con madres rondando en la sala de espera, presto mayor atención. Y antes de que la chica se coloque en la mesa, la separo de su madre y la llevo a un cuarto de examen vacío cuando aún está vestida. En estos casos, veo a la joven a los ojos y le pregunto, "¿Deseas tener este aborto?"

A veces la chica dice que sí, y podemos proceder. Pero frecuentemente dice que no. *Mi madre quiere que lo haga.* Y luego la envío de vuelta a la sala de espera para hablar con su madre. A menudo, hay gritos. A veces, la madre le dice a la hija, *A menos que tengas este aborto, no puedes regresar a casa conmigo.* Y luego se me acercará, con vapor y humo saliendo de sus ojos y oídos, diciendo, *¡Qué hiciste! Yo soy su madre. Ya hice el pago. ¡Quiero mi dinero de vuelta!*

Me mantengo visiblemente tranquilo, y más que eso: estoy seguro de lo que mi trabajo es y lo que no es. No realizo abortos en mujeres que no los desean. Si una madre amenaza a una chica embarazada con quitar el apoyo, o su cariño, o el refugio, me aseguro de que entienda lo que eso significa para ella. *Es bueno que sepas ahora que si quieres continuar con este embarazo, no tendrás el apoyo de tu madre. Si deseas tener este bebé, podemos encontrar maneras de darte la ayuda que necesitas. Podemos ayudarte a encontrar un lugar para vivir. Pero es bueno que sepas a tiempo que estás por tu cuenta propia.* Al presentar la realidad de esta chica en esos términos, puede ver su situación de manera diferente. Puede considerar, de manera realista, cómo será criar a un hijo por su cuenta o como adolescente y puede llegar a una decisión diferente. O puede que no.

Si la madre y la hija se encuentran en una posición más conciliadora, los consejeros trabajando en la clínica o yo intentaremos mediar. Recuerdo una vez en Montgomery, cuando una chica de diecisiete años que tenía ocho semanas de embarazo, me indicó que ella no quería el aborto, que su madre sí. Cuando la regresé de vuelta a la sala de espera, tanto la madre como la hija rompieron en llanto. Me aproximé a las dos. Hoy no es su día, les dije. Necesitan hablar, y no necesitan hacerlo aquí, o ahora. Tienen algo de tiempo. Y luego me dirigí a la madre: Pero por favor tome en cuenta que cuando su hija regrese, le voy a preguntar exactamente las mismas preguntas que le hice hoy, y a menos que pueda contestarlas honestamente y decirme que esto es lo que ella desea, no realizaré su aborto. Tengo que creer que esta es su decisión, y puedo sentir cuando la gente está fingiendo y han ensayado sus respuestas. Este es el único contexto ético en el que puedo brindar abortos.

Discernir la verdadera intención de una mujer usualmente es fácil. Pero no siempre. Las mujeres que llegan a una clínica de aborto buscando terminar un embarazo por lo general se encuentran en un estado emocional amplificado. Pueden estar pensativas. Pueden estar enojadas. Pueden estar ansiosas. Ninguna mujer que entra a una clínica de aborto dice, a mí o a su madre o a nadie, "¡Qué feliz día! ¡Voy a tener un aborto!" Pero si una mujer llora, hago mi prioridad el preguntar. Siempre digo, "Cuéntame el por qué de las lágrimas." Y si dice, "No, estoy bien," insisto. "Cuéntame. Porque las personas que lloran usualmente no están 'bien'". Una mujer puede estar en conflicto y tener certeza al mismo tiempo, y mi deber, mi responsabilidad, tanto a la paciente como a mí mismo es asegurarme de que eso es todo lo que hay. Nunca le digo, "¿Deseas un aborto?" —porque un aborto nunca es algo que una mujer desea activamente. Le digo, "¿Estás segura?" Necesito poder confiar en mis pacientes y tomar su palabra, para que incluso si *ellas* tienen arrepentimientos, yo no llegue a tener ninguno.

Hubo una vez en toda mi carrera que entendí, claramente y en retrospectiva, que realicé un aborto en una mujer que no deseaba uno, y el recuerdo de ese incidente aún me inunda con impotencia e ira. De nuevo, esto fue en Planned Parenthood en Washington,

D.C. La paciente era una mujer musulmana muy devota que llegó a la clínica con su esposo. El hombre daba todas las órdenes. Él llegó insistiendo, por razones religiosas, que una doctora mujer realizara el procedimiento. Y cuando descubrió que yo era su única opción —era el doctor trabajando en la clínica ese día— arregló que yo hiciera el procedimiento, pero pidió que estuviese de acuerdo con ciertas condiciones. No debía hablar con la paciente, o hacerle preguntas, o verla a los ojos. El personal, en un esfuerzo para ser culturalmente sensibles, siempre tomó medidas múltiples para traspasar las barreras culturales y del idioma, y yo confié en ellos. Por respeto al contexto cultural de la pareja, accedí. Y luego de que el procedimiento terminara, miré el rostro de la mujer por primera vez, y estaba llorando. Y ella dijo, en su escaso inglés, "Yo nunca quise hacer esto." Creo que jamás había estado tan enojado. En este incidente, mis manos estaban atadas, o sentí que lo estaban, y ahora debo vivir con mi arrepentimiento.

Otra cosa que no haré: No le brindaré un aborto a una mujer que expresa una preferencia sobre hijos, que prefiere tener un niño que una niña, o un niño blanco en lugar de un niño negro. Incluso en Estados Unidos, en pleno siglo veintiuno, esto puede suceder y ocurre. Muchas de mis pacientes vienen de diferentes orígenes culturales o religiosos, y aunque siento que mi trabajo es ser respetuoso de la toma de decisión de otras personas en base a cualquier cantidad de factores, no ejercito ese respeto a costa de mi propia convicción moral. Así que si una mujer me dice, este feto es niña, y si no tengo un hijo me darán una paliza, no haré su aborto. Así como no haré un aborto en una mujer que me cuenta que está acostándose con un hombre judío y que su familia jamás aceptaría un bebé judío. Me rehúso a involucrarme en estereotipar o en elaborar perfiles. No concibo el mundo en términos de bien y mal, pero como dijo el Dr. King, "El no cooperar con el mal es una obligación moral tanto como cooperar con el bien." La estigmatización de las mujeres —o de cualquiera— es inaceptable para mí.

En las clínicas de abortos donde trabajo, trato de cultivar la compasión —no sólo en mí mismo, sino entre el personal e incluso entre las pacientes mismas, quienes se encuentran en mis salas de espera habiendo llegado desde todos los diferentes caminos de la vida y cuyas decisiones de embarazo y aborto significan algo diferente para cada una. Tengo cero tolerancia para las mujeres que se juzgan unas a otras o que asumen que su aborto, y sus circunstancias, de alguna manera son más estresantes o atenuantes que las de alguien más. Recuerdo una abogada que llegó a verme en Montgomery. Era culta y carismática. Pero al estar en la mesa, comenzó a quejarse de las bromas irreverentes y ocurrencias que las otras pacientes decían al estar sentadas, en la sala de espera, tomando sodas y comiendo golosinas. Dijo ella, "¿Acaso ellas no saben que esto es muy difícil para algunas de nosotras? ¿No pueden mostrar algo de respeto?" Y aunque no lo mostré, me enojé, porque nadie tiene el derecho a juzgar a los demás, sin importar su educación, su status, su estado, las circunstancias que las llevaron a través de nuestra puerta. Ella quería que su aborto fuera sagrado, y además, quería que otros expresaran sus sentimientos de manera compatible con su sensibilidad. Pues bien, todo esto —el procedimiento, cada mujer en la sala de espera, las enfermeras y asistentes y los administradores que brindan esta atención excelente, mi propia habilidad ganada con esfuerzo— es sagrado para mí. Cuando escribió una carta para quejarse de la atmósfera en nuestra clínica, me fue indiferente.

CAPÍTULO 13

Una Nueva Teología del Aborto

Cuando vivía en Hawái, asistí a una reunión cuáquera. El centro de reuniones fue un hogar en un vecindario residencial del Valle de Manoa, un lugar con céspedes arreglados y vista constante de la montaña. Yo me encontraba en recuperación, como me gusta llamarlo, de la religión organizada. Durante mi educación médica, rara vez asistí a la iglesia. Y en California, donde viví antes de mudarme a Honolulu, descubrí que prefería trabajar en un banco de alimentos cruzando la calle de la iglesia en lugar de ir a la iglesia misma. La idea del cuaquerismo siempre me atrajo. Me gustó su historia de justicia social, su activismo durante la abolición y los movimientos de derechos civiles. Y me gustaba su democracia radical. En el cuaquerismo, no hay una doctrina o credo formal, sino un compromiso a la no violencia y una creencia de que cada individuo en la tierra posee una luz divina interior. En una reunión cuáquera, no hay nadie a cargo. No hay clérigo. No hay liturgia, no hay himnos, no hay altar. La reunión comienza, y la gente se sienta tranquilamente, en silencio con sus propios pensamientos, en un círculo. Si una verdad resuena con alguien, entonces esa persona dirá lo que está dentro de su corazón. Pero en su mayoría, una reunión cuáquera es callada.

El cuaquerismo me dio el espacio que necesitaba para experimentar a Dios en una manera sumamente personal, contemplativa y meditativa —y al mismo tiempo el permanecer dentro de una comunidad de creyentes. Digo a modo de broma que renací luego de haber renacido. Mi tiempo en Hawái, a la mitad de mi vida, me dio algo más que claridad vocacional y profesional: me dio la libertad de entender mi fe de manera completamente humanista. Si Dios es humano y los humanos son Dios, entonces Dios tiene que amar todo sobre nosotros, y tenemos que amar todo lo que le pertenece a Dios.

Nunca he dudado de la verdad de mi conversión cristiana, la cual tuve ese día en 1978, cuando tenía quince años. En ese parque, le pedí a Jesús el entrar en mi vida y Él vino. Aún creo sinceramente que una experiencia mítica y transformativa me ocurrió en esta tarde, y estoy muy agradecido por ello. Ese momento, en un sentido muy auténtico, me dio mi futuro.

No pasó mucho tiempo antes de que algunas de las creencias rígidas que acompañaron al fundamentalismo que aprendí del Pastor Mike comenzaran a erosionar, y desde mi primer año en Berea, entré en una fase de cuestionamiento. ¿Cómo podía creer que Dios creó el mundo, cuando amaba la biología y sabía de la evolución? ¿Cómo podía sostener la versión bíblica del varón dominante sobre la mujer cuando mi madre me crió mejor que ningún hombre? ¿Cómo podía encajar la repugnancia de mi iglesia ante el sexo premarital con el hecho de que muchas personas buenas que conocía en los dormitorios de la universidad tenían sexo con regularidad? ¿Cómo podía pensar sobre la esclavitud y justicia y los términos sumamente punitivos que la Biblia establece para los creyentes que violan las reglas de Dios? ¿Cómo podía pensar sobre el infierno? La iglesia negra en la que fui criado me dio mi vida, pero también, comencé a ver que preservaba tabús sobre temas donde debería haber alivio: no sólo sobre aborto pero también sobre la homosexualidad y el abuso sexual. He llegado a entender que el afianzamiento de la autoridad patriarcal y el poder —incluso en la iglesia negra— ha permitido que las mujeres sentadas en los bancos de la iglesia experimenten vergüenza y rechazo alrededor de su sexualidad. Ha vilificado hombres homosexuales y hecho invisibles a las mujeres lesbianas. Para demasiadas personas, Dios dejó de estar presente en el mismísimo lugar en que Él debía residir.

En la universidad, asomé mi cabeza fuera del mundo insular en el que había crecido y comencé a leer más allá de mi Biblia. En Berea, cuando tenía diecinueve años, leí *Carta de la Cárcel de Birmingham* y *La Autobiografía de Malcolm X*. Especialmente vi en el Dr. King un camino adelante. Él mantenía raíces muy profundas en su fe tradicional, y al mismo tiempo acuerpaba un rigor intelectual bastante atractivo para mí. Era filosófico, reflexivo, *y además* cristiano. Era un activista. Leí al Dr. King y luego leí los libros que el Dr. King había leído, los teólogos del siglo veinte que construyeron una cristiandad progresiva que colocaba a Dios en el epicentro de la historia y daba prioridad a la justicia de Dios: Reinhold Niebuhr y Paul Tillich, quienes me guiaron hacia un entendimiento más complejo sobre valores morales absolutos. Leí a sus predecesores, Hegel y Schleiermacher y Kierkegaard. Fue como si pudiera sentir mi mente expandiéndose —explotando— con cada libro. Comencé a comprender que tenía que encontrar una religión para una persona pensante o abandonar a Dios por completo.

Mi mentor en este viaje hacia un entendimiento más amplio de la identidad cristiana fue otro Mike, un antiguo sacerdote de la iglesia Romana Católica llamado Mike Rivage-Seul. Mike fue un profesor en Berea quien enseñó Ética y Valores, y amé ese curso. Fue él quien sugirió que escribiera sobre aborto en mi artículo, y él quien, con gran ironía, halagó el gigantesco pin que usaba en mi solapa y que decía JESÚS. Ordenado alrededor del tiempo del Segundo Concejo del Vaticano, un período de agitación en la iglesia, Mike había dejado el sacerdocio y luego se enamoró de una mujer y se casó con ella — aunque su compromiso con la fe se mantuvo fuerte. Y a medida que su fe evolucionó, Mike se hizo devoto de la teología de la liberación, una rearticulación del mensaje del evangelio sobre el amor radical hacia los pobres y marginalizados. Filas enteras de la Iglesia Católica Romana se rebelaban en contra de la visión más jerárquica del catolicismo predicada en numerosas iglesias parroquiales y adoptaban esta visión izquierdista revolucionara, aliándose especialmente con comunistas y obreros pobres en Latinoamérica —en contra de los gobiernos dictatoriales allí y en contra de la autoridad burgués de su propia iglesia—. Y aunque no lo sabía en ese entonces, grupos de afroamericanos protestantes intelectuales también adoptaban la teología de la liberación, y la predicaban a su gente a manera de sermones proféticos sobre levantamiento y justicia. Los teólogos de la liberación lideraban un cambio en el autoritarismo recto en el nombre de Jesús. En Dr. King, en Mike, en las ideas que él me enseñó, pude comenzar a ver nuevas versiones de mí mismo.

El cristianismo que aprendí de muchacho comenzó a parecer superficial, emocional e ingenuo, a medida que continuaba devorando estas ideas. Sabía que todo creyente serio atraviesa esto, un período oscuro de cuestionamiento, y mis veintes fueron eso para mí. ¿Cómo podía reconciliar mi habilidad de pensar de manera crítica, lo cual se convertía en un requisito al buscar mi camino en la ciencia para convertirme en médico, y al mismo tiempo continuar viéndome a mí mismo como alguien de fe profunda? En el día a día de mi vida universitaria, seguía saliendo con mis amigos de InterVarsity, el grupo cristiano evangélico de estudiantes en el campus. Aún mantenía mi postura de abstinencia sexual y repartía tratados de puerta en puerta, y cuando iba a mi Birmingham natal siempre veía al Pastor Mike. Estas eran personas con quienes me sentía cómodo, a quienes amaba, incluso cuando comencé a perder mi noción de los valores morales absolutos y a pensar en términos de sombras de gris. Aún no sabía adónde iba a terminar, pero entre más leía, más entendía que necesitaba un Dios de trascendencia y justicia más que uno que consagrarse y preservase la visión mundial patriarcal y antigua de la Biblia. Cuando dejé Berea, llevé conmigo un cumplido de Mike Rivage-Seul, uno que atesoro hasta este día: "Admiro tu compromiso con el cristianismo," me dijo un día después de clases. "Mantienes tu fe de manera inteligente."

Muchos parecen aceptar, sin pensarlo, que ser cristiano es oponerse a los derechos del aborto. A mi parecer, el único cristianismo que demanda una visión anti-aborto es una fe basada en emociones — una lectura rígida de las Escrituras que no admite cuestionamientos o consideraciones interpretativas. La Biblia no está estancada en el tiempo, sino que es un documento de inspiración divina que vive y respira, y el Dios que yo creo que existe dentro de sus páginas es tan grande, tan flexible, y tan amoroso que permite una perspectiva muy diferente. Más aún: mi Dios es un Dios radical que nos obliga a amarnos los unos a los otros *debido a nuestra propia pecaminosidad* y a ser generosos con cada uno incluso cuando nuestros impulsos quieran llevarnos de vuelta a la seguridad de esas creencias infantiles y estrechas que nos hacen temerosos para actuar.

No tenía manera de saber esto cuando era joven, cuando estaba escribiendo mi artículo para Ética y Valores o al cuestionar los límites de mi fe, pero los cristianos tienen una larga tradición de apoyar los derechos del aborto —en público y en la esfera política—. Incluso antes de *Roe v. Wade*, los cristianos y judíos progresistas han predicado desde el púlpito lo que el Reverendo Tom Davis, un ministro de la Iglesia Unida de Cristo, llama una "teología humana," una creencia de que una mujer contemplando el aborto merece ser tratada con compasión, y que se debe confiar en su propio juicio y experiencia. Dictamina que aliviar el sufrimiento innecesario es una responsabilidad sagrada del cristiano. Si Dios está en todo, y en todos, entonces Dios está tanto en la mujer tomando la decisión de terminar su embarazo como en su Biblia. "Lo sagrado," escribe Davis en su libro *Labor Sagrada: Planificación Familiar y sus Alianzas en el Clérigo*, "es revelado más a menudo no en pronunciamientos abstractos, sino que en la experiencia de los seres humanos tratando de lidiar con la inequidad y las tragedias de la vida humana."

Estos valientes y virtuosos líderes religiosos a favor de los derechos reproductivos, en realidad guerreros, han sido ignorados tan a menudo, por décadas, por el público y por la prensa. Inclusive desde 1967, cuando el aborto aún era ilegal en el Estado de Nueva York, el Reverendo Howard Moody, de la Iglesia Memorial de Judson en la ciudad de Nueva York, formó el Servicio de Consulta del Clero sobre el Aborto —un tipo de coalición similar al Underground Railroad[5] de clérigos cristianos y judíos comprometidos a ayudar a las mujeres para obtener atención de abortos segura. Estaban motivados, dijo el Reverendo Moody, por su "preocupación humana" ante las mujeres que se veían obligadas a arriesgar sus vidas navegando el submundo del aborto ilegal por su cuenta. Como el Buen Samaritano, los ministros asumieron el riesgo legal en nombre de las mujeres porque su fe les empujaba a brindar socorro a una población que veían perseguida y vulnerable.

Un estimado de 450,000 mujeres llamaron al Servicio de Consulta del Clero para pedir ayuda en los seis años antes de Roe —y la coalición, que comenzó con veintiún miembros, creció hasta los dos mil—. El activismo del grupo de Moody ayudó a propulsar la legislatura de Nueva York para legalizar el aborto en 1970, el primer estado en la nación en hacerlo. Motivados por su éxito, el Servicio de Consulta del Clero entonces comenzó a ayudar a mujeres de otros estados a viajar a Nueva York para obtener abortos legales y seguros, y luego, irrumpiendo el establecimiento médico, estos mismos clérigos propusieron el modelo para la primera clínica de abortos. Creyendo que la privacidad y autonomía de las mujeres sería

---

5 El Underground Railroad fue una red de rutas secretas y casas de seguridad establecidas en los Estados Unidos durante la primera mitad del siglo XIX, y utilizadas por esclavos afroestadounidenses para escapar a estados libres y Canadá con la ayuda de abolicionistas y aliados que simpatizaban con ellos.

atendida de mejor manera si pudieran obtener el cuidado de aborto en una clínica independiente en lugar de un hospital, el grupo de Moody trabajó con un doctor comprometido a brindar "tratamiento humano, atención de calidad y bajo costo y una voluntad de servir a los pobres" en un lugar independiente. Servicios para la Mujer, en el Upper East Side de Manhattan, fue la primera clínica de abortos en el país.

Luego, en 1973, cuando Roe sufrió ataques de grupos católicos y cristianos conservadores, un grupo de activistas cristianos se alzó en oposición. La Coalición Religiosa para la Opción Reproductiva ha luchado incansablemente en la esfera política, peleando por "la opción reproductiva como parte básica de la libertad religiosa," y sosteniendo que la disponibilidad de abortos legales y seguros para cualquiera que lo necesite es el único camino compasivo para las mujeres y familias. RCRC, por sus siglas en inglés, ha presentado ambiciosos argumentos en casos importantes de aborto. La coalición lucha contra proyectos de ley de personería, que brindan derechos legales por igual a los fetos, y contra prohibiciones de aborto. Sus miembros incluyen católicos, episcopales, luteranos, unitarios, metodistas, presbiterianos, judíos y congregacionalistas. Yo me encuentro en la junta que gobierna esa organización. Y aún hoy, sus esfuerzos pueden parecer casi invisibles ante el público.

Por años estaba contento de quedarme en mi estancamiento, de permitir que mi mente y mi fe se expandieran, pero dejando que esa evolución ocurriera en privado, en mi tiempo personal. Mi reunión cuáquera me retó. Las expresiones más grandes y corporativas de la fe no tenían atractivo para mí, y ninguna congregación tradicional podía hacer el trabajo de ayudarme a mí mismo a entenderme. Entonces, externamente, seguí diciendo que había "nacido de nuevo," y basado en eso me rehusé a realizar abortos con mis propias manos.

Luego, a medida que las circunstancias me forzaron a salir de mi complacencia, profesionalmente, también fui forzado a articular un nuevo entendimiento de Dios, que impulsaría, adoptaría, y apoyaría mi elección profesional. Llegué hasta esta comprensión por mi cuenta, con mis libros, y mis cintas, y las voces de mis amados mentores y santos personales en mi cabeza. Y lo reafirmo acá, en la esperanza de que otros cristianos, y otras personas creyentes, puedan encontrar en mi evolución algo de confort —y quizás algo de inspiración para ver el aborto como parte de Dios—. El hablar abiertamente del aborto es algo que debería suceder en las iglesias, y no suprimido por autoridades religiosas en el afán de preservar su propio poder. Las mujeres deberían encontrar sanación y entendimiento en la iglesia, en lugar de estigma y vergüenza.

Entre más intento comprender la noción de Dios, más pienso en su inmensidad. Thomas Merton dijo, "Dios es." Todo lo que podemos entender se encuentra dentro de la realidad de Dios. Ya que somos tan limitados, tenemos una tendencia a antropoformizar. Dios es una persona. Dios es un hombre. En el occidente, Dios es un hombre blanco que maneja todo. Ese es el discernimiento limitado del que busco escapar. Merton solía decir, "Dios es aquello que es enteramente distinto." Dios no eres tú, y Dios no soy yo, y Dios no es alguien o algo más. A menos que puedas ver más allá de lo personal e inanimado —más allá de cualquier cosa que podemos describir— entonces no puedes llegar a la bondad y la grandeza que es aquello distinto. Todo, *cada cosa*, transpira dentro de ese contexto. De esta manera la concepción, la vida, la muerte, el nacimiento, el aborto — son todos procesos desplegados en la realidad de eso distinto—. No tengo esta visión truncada de que la vida comienza exactamente aquí o termina exactamente allá. Los procesos estáticos no resuenan con mi entendimiento de Dios.

El decir que la concepción, o el nacimiento, o incluso la muerte son "milagrosos" es una injusticia para Dios. Sólo una persona que carece de un entendimiento científico de la reproducción diría que Dios da vida, o que Dios quita la vida, o que no te embarazarás a menos que Dios te embarace. Esta idea de Dios, como mediador es lo que permite que los anti-aborto vuelquen a gente creyente contra sí misma —porque ante sus ojos, todas las decisiones, todas las partes significativas de la vida, son la "voluntad de Dios" o "no son la voluntad de Dios." ¿Dios es realmente tan temperamental y mezquino? ¿Necesita de verdad Dios toda esa adoración? Pienso en el jugador de béisbol que llega al bate y hace un tipo cómico de oración, un gesto de beso con las manos y en el visor de su gorra antes de hacer jonrón o de no golpear la pelota, batiendo en el aire. ¿Eso tiene que ver en algo con Dios? ¿A Dios le importa realmente el resultado de un juego de béisbol? ¿Está Dios en realidad del lado de un equipo? En esta visión estrecha de Dios, hay chicos buenos y chicos malos, y sólo Dios puede decidir.

Si Dios es enteramente distinto, entonces el milagro de la vida no es la unión ordinaria de un esperma y un óvulo —un evento puramente biológico y moralmente neutral— sino que es la agencia y la responsabilidad que conlleva el ser capaces de participar junto con Dios en un proceso creador. Dios no es humano. Dios no está en el planeta. Dios no tiene bebés, ni hace bebés. Las personas lo hacen. Como parte de una inteligencia superior, como amante de la belleza y la creatividad, Dios hizo el mundo. Y la reproducción social es parte de un proceso colaborativo —entre hombre y mujer y entre Dios y los humanos—. En ese proceso, todas las distinciones desaparecen. Dios no tiene más manos que las tuyas. Dios no tiene más habilidad que la tuya. Eso es lo que la Biblia quiere decir cuando dice que eres el hijo de Dios.

Y si lo miras de esa manera, si haces a un lado la idea de que Dios es como Siri, diciéndote que vayas a la izquierda o a la derecha, entonces todo el asunto es sagrado. Todo. Un embarazo que desemboca en un bebé no es más sagrado que un aborto. No te haces sagrada, como María, sólo porque concebiste, y la terminación de un embarazo no es la resolución de un error. Es simplemente uno de los resultados de la reproducción. Igual que lo es un aborto involuntario. Entonces, ahora, con la maternidad subrogada y la fertilización in vitro —todo se encuentra en una gama y todos mantienen un peso moral—. La parte de Dios está en tu organismo. La confianza —la confianza divina— es que tienes una oportunidad para participar en la población del planeta. Y tienes la oportunidad de no participar. ¿Dios estableció que de alguna manera tú, como individuo, te embaraces? No. ¿Es el embarazo sagrado porque habrá un bebé, al final, en un moisés, hermoso, quizá el próximo Obama? No. El proceso es más grande de lo que tú eres. La parte de ti que es como Dios es la parte que hace una elección. Eso dice, *Yo elijo*. O, *Yo elijo no hacerlo*. Eso es lo sagrado. Es la parte de ti que es como Dios para mí.

El cuarto de procedimientos en una clínica de abortos es tan sagrado como cualquier otro espacio para mí, porque allí es donde tengo el privilegio de honrar tu elección. En este momento, donde necesitas algo que yo estoy capacitado para darte, Dios se reúne con nosotros donde nos encontramos.

Agradecimientos

El problema con los agradecimientos es que uno siempre corre el riesgo de dejar a alguien por fuera. Siempre hay a quienes nombramos y a quienes quizás sin intención, se quedan detrás de la cortina. No duplicaré mi gratitud a los colaboradores de la edición en inglés sino que me arriesgaré a dejar de lado a alguien al reconocer a algunos de los actores claves en la producción de *La Obra de mi vida*:

Rebecca Gradinger y Verónica Goldstein, mi agente y su asistente. Si no me hubieran encontrado y ayudado en este esfuerzo en la edición en inglés, no habría ningún libro ahora. Ellas me ayudaron a conocer a Ellen Israel, que ha sido una persona clave para hacer que todo esto suceda.

Ellen Israel. Sé que a veces Ellen debe sentirse como un pastor de cabras persiguiéndome. Pero estoy agradecido por su persistencia. Como agente de cambio en el corazón, su persistencia ayudó a llevar este proyecto a buen término.

Óscar Estrada y Casasola Editores. Estoy muy agradecido con Óscar y su equipo que hicieron posible que este libro vea la luz en español, de una manera tan hermosa.

Susana Chávez. Esta incansable activista de Sur América que leyó gentilmente el libro y escribió un comentario crítico y convincente, afirmando la relevancia de este trabajo para las mujeres en países en donde la opresión reproductiva es extrema y más profunda por influencia de las autoridades religiosas.

Isabel Allende. Esta autora de renombre mundial y acérrima activista por los derechos reproductivos que me impresiona por su compromiso con los menos afortunados. Su visión y la caridad de espíritu le permitieron decir que sí a mi solicitud de que lanzara su polvo de estrella detrás de este esfuerzo para maximizar el impacto de esta defensa para las mujeres latinoamericanas. Su respaldo me permite integrar mi lucha nacional e internacional en materia de derechos humanos. Le estoy muy agradecido por eso.

Cynthia Romero y Jon O'Brien de Católicos para la Elección. Agradezco a mis hermanos religiosos que afirmaran la autoridad moral de este esfuerzo y les agradezco por prestar su credibilidad a este proyecto.

Marta Alanis y Soledad Deza, Integrantes de las Católicas por el Derecho a Decidir en Argentina. Agradezco a mis hermanas cristianas de otros países por abrazar mi trabajo y mi espíritu, afirmando que los católicos que respetan las decisiones reproductivas de las mujeres también son auténticos en su fe.

Jessica González-Rojas, Instituto Nacional de Latinas para la Salud Reproductiva. Jessica y yo tenemos ya cierta trayectoria en este movimiento. Conociendo su pasión y poder, tenía sentido invitarla a establecer el contexto de la importancia de esta traducción para la comunidad Latina en los Estados Unidos. Estoy agradecido con ella por el poderoso trabajo que realiza para la Justicia Reproductiva.

La doctora Yari Vale, activista por los Derechos Reproductivos y prestadora de servicios de salud. Estoy agradecido con mi colega y compañera que he admirado desde lejos por el trabajo que brinda en atención a las mujeres en Puerto Rico. La doctora Vale revisó generosamente la traducción al español de *La Obra de mi vida* para mayor claridad y precisión médica, y afirmó la importancia de este esfuerzo como una lectora crítica del ámbito médico y científico. Estoy feliz de llamarla colega y amiga.

Y finalmente, reconozco **a las mujeres y personas embarazadas** que reúnen el coraje de vivir la vida en sus propios términos, a pesar de las barreras que se les presentan. Estoy con ustedes en el espíritu del sabio judío, Rabí Sofer, quien dijo: *Ninguna mujer debe construir el mundo destruyéndose a sí misma.*

PREGUNTAS PARA EL DEBATE
PARA LA EDICIÓN DEL LIBRO EN ESPAÑOL

Ahora que usted ha leído la historia de Dr. Parker, sobre cómo aprendió a comprender el aborto y los derechos de las mujeres a través del trabajo de su vida y las experiencias sociales y religiosas, y de llevar esa comprensión a la Acción, colaborando con otros, abogando, acompañando y organizando de muchas maneras, usted también puede actuar para garantizar que todas las mujeres tengan acceso al aborto sin vergüenza ni castigo.

Primero, organice un grupo de discusión, tal vez dentro de una organización de mujeres, una organización social o lugar de trabajo, una escuela, su comunidad o su iglesia, o simplemente con un grupo de amigos. Puede comenzar con las siguientes preguntas y / o hacer sus propias preguntas específicas para su comunidad, país, región.

RECUERDE:

Puedes usar este libro como una herramienta para la acción.

PREGUNTAS

¿En qué se diferencia la atención en la clínica del Dr. Parker de la atención que reciben las mujeres en su país y las experiencias en general de las mujeres que tienen abortos? ¿Cuál es la diferencia entre de aquellas que proveen abortos a aquellas que se rehúsan a proveer abortos? En su país, ¿se trata a las mujeres con respeto y cuidado? **Discuta las diferencias.**

¿Cómo crees que el libro del Dr. Parker le ayudó a cambiar o fortalecer sus creencias sobre los derechos de las mujeres y los derechos al aborto? ¿Puede relacionarse con los humildes comienzos del Dr. Parker y el regreso a su comunidad para apoyar a las mujeres y sus derechos?

¿Cuáles es la opinión que tienen sobre las mujeres que abortan en su país? ¿Viniendo de la iglesia? ¿Viniendo del conocimiento de las personas o el desconocimiento de los derechos legales de las mujeres? ¿Viniendo de profesionales médicos? ¿Son diferentes de las opiniones del movimiento contra los derechos de aborto en los Estados Unidos descritas por el Dr. Parker en su libro? ¿Cómo?

¿Por qué los poderes de la iglesia, el gobierno, los educadores, la profesión médica son tan fuertes como para impedir el derecho de las mujeres a decidir? ¿Cuál es la ventaja para ellos? ¿De qué tienen miedo?

¿Qué lecciones podemos aprender del libro *La Obra de mi Vida* para ayudar a cambiar la vulnerabilidad y la falta de derechos reproductivos de las mujeres en nuestro país, en nuestra comunidad?

Para cada uno de nosotros como individuos.

Dentro de la promoción de políticas y cambios de actitud.

Dentro de la comunidad médica y del sistema sanitario.

¿Y qué acción podemos tomar?

———

Por favor comparta sus experiencias con nosotros.

Queremos escuchar su opinión. Puede escribirnos al correo electrónico: **info@casasolaeditores.com** o escribir directamente al autor en su página web: **drwillieparker.com**

Muchas gracias.

La Obra de mi vida
Guía para Círculo de Lectura
PREGUNTAS DE LA EDICIÓN EN INGLÉS

En *La Obra de mi vida*, un cristiano temerario defensor de la justicia reproductiva que brinda abortos (uno de los pocos doctores que proporcionan este servicio a las mujeres en Mississippi y Alabama) junta sus viajes personales y profesionales, así como la educación científica que ha recibido como doctor, para revelar cómo llegó a creer, sin lugar a dudas, que ayudando a las mujeres en necesidad y sin prejuicio es precisamente la manera cristiana de actuar.

TEMAS Y PREGUNTAS PARA DISCUTIR

1. En la oración que comienza el libro, el Dr. Parker escribe que la sala de espera de la clínica de abortos está tan "callada como una iglesia." (Página 23) ¿Esta comparación te sorprende? ¿Por qué? ¿Por qué no? ¿De qué otra manera una clínica de aborto?

2. *La Obra de mi vida* menciona lo que el Dr. Parker llama "un argumento moral a favor de la elección," pero también una narrativa autobiográfica. ¿Por qué crees que el Dr. Parker incluye la historia de su niñez y educación en un libro sobre los derechos del aborto? ¿De qué manera su biografía apoya su argumento?

3. Cuando el Dr. Dulce cambia las reglas en la Clínica Queen Emma para prohibir los abortos el Dr. Parker escribe, "Ya no podía aplazar mi involucramiento ético" (Página 48). ¿De qué manera obliga la decisión del Dr. Dulce a que el Dr. Parker reexamine sus propios sentimientos sobre el aborto? ¿Qué otros factores influenciaron su "conversión"?

4. El Dr. Parker creció en extrema pobreza, pero escribe, "no era infeliz" (Página 58). ¿Por qué recuerda con cariño lo que muchas personas describirían como una niñez difícil? ¿De qué manera la carencia material le afectó mientras crecía? ¿Cómo le apoyaba su familia y comunidad de otras maneras más allá de lo financiero?

5. Describe la relación del Dr. Parker con su madre, Jackie. ¿Cómo llegó a desarrollar su identidad como "el hijo bueno de mi madre" (Página 61) y cómo influenció el curso de su vida?

6. El Dr. Parker escribe que "juzgó" a su hermana Earnestine al darse cuenta de que estaba embarazada (Página 69). ¿Por qué esto continúa atormentándolo cuarenta años más tarde?

7. Earnestine quería tener un aborto, pero su familia no pudo recolectar el dinero en ese entonces. Sin embargo, su historia tuvo un final feliz, ya que terminó criando a un hijo exitoso y amado. ¿Por qué el Dr. Parker cree que los activistas en contra del aborto se equivocarían al utilizar el ejemplo de Earnestine para apoyar su causa? (Página 69).

8. ¿Quién es Mike Moore? ¿De qué manera influencia el desarrollo moral y espiritual del Dr. Parker? ¿Por qué el Dr. Parker después se describe a sí mismo "en recuperación… de la religión organizada" (Página 41).

9. En el Capítulo 6, el Dr. Parker describe varios procedimientos de aborto, incluyendo aspiración al vacío, dilatación y evacuación, y aborto médico. ¿Cómo difieren sus descripciones de la manera en que el aborto es descrito en los argumentos políticos a favor y en contra de los derechos reproductivos? ¿Cómo cambiaron su propia percepción de estos métodos de aborto?

10. ¿Cómo afectan la práctica del Dr. Parker las leyes del estado de Alabama? ¿Qué impacto tienen en sus pacientes? ¿Qué rol tiene la ley en algunas de las pacientes al considerar abortos caseros antes de visitar una clínica? (Página 104).

11. ¿Por qué el Dr. Parker compara la lucha por los derechos reproductivos con la lucha en contra de la esclavitud? (Página 151) ¿De qué manera su raza y crianza en el sur alimenta su entendimiento de la situación de sus pacientes y las políticas del aborto?

12. ¿Quién era el Dr. George Tiller? ¿De qué manera su asesinato influenció la decisión del Dr. Parker de incrementar su incidencia sobre los derechos reproductivos? (Página 112).

13. El Dr. Parker y sus colegas conocen la historia de violencia en contra de quienes brindan abortos, y saben que pueden arriesgar sus vidas para hacer el trabajo. ¿Vale la pena el riesgo? ¿Por qué o por qué no?

14. En el Capítulo 9, el Dr. Parker escribe, "Nada me enfurece más que la última estrategia de los activistas anti-aborto: el movimiento del genocidio negro." ¿Por qué esta campaña inspira un enojo especial? ¿De qué manera las fuerzas anti-aborto apoyan la meta de la supremacía blanca?

15. El Dr. Parker le reclama a las "personas progresistas y humanistas" por "no ofrecer un argumento moral, espiritual, ético o religioso a favor de los derechos del aborto." ¿Por qué crees que las personas que apoyan los derechos de los abortos han "cedido esos argumentos a sus oponentes? (Página 115) ¿Te sorprendió el conocer que muchas tradiciones de fe tienen un historial de apoyo a la justicia reproductiva? ¿Por qué o por qué no?

MEJORA TU CÍRCULO DE LECTURA

1. Más allá de *Roe v. Wade*, que establece el derecho al aborto hasta el punto de viabilidad, hay muy poca legislación federal alrededor de los derechos reproductivos. Pero los Estados –y, en menor medida, gobiernos locales- han aprobado un torbellino de leyes antiaborto durante la última década. ¿Cuáles es la legislación del aborto en tu área, y cómo afectan la disponibilidad de atención de abortos? ¿Cuál es la posición de las autoridades electas en cuanto al aborto? ¿Reflejan los valores de tu comunidad?

2. Por varias razones, las mujeres pobres y negras tienen mayor dificultad en obtener atención de salud reproductiva. ¿Qué obstáculos enfrentarías tú o tus seres queridos si necesitaran un aborto? ¿De qué

manera tu grupo étnico, clase, y red de apoyo afectarían tu acceso a la atención de salud reproductiva?

3. El Dr. Parker es cristiano, y enmarca su argumento a favor de la justicia reproductiva como algo moral. Explora tus propias tradiciones religiosas o las de tu familia. ¿Cuál es el papel de la mujer en tu fe, y cómo ha cambiado a través del tiempo? ¿Qué dicen tus sagradas escrituras o líderes religiosos sobre los derechos de las mujeres, el aborto y la planificación familiar? Según tu religión, ¿En qué momento comienza la vida? ¿Estás de acuerdo?

MANERAS DE AYUDAR

1. Planned Parenthood es el mayor ente que proporciona abortos en los Estados Unidos y una causa digna de apoyo financiero, pero la mayoría de los abortos toman lugar en pequeñas clínicas de propiedad local donde pueda no ser posible ofrecer a los pacientes una tarifa diferida. Puedes ayudar a que las mujeres paguen atención de aborto donando a un fondo de abortos local. Visita la Red Nacional de Abortos en AbortionFunds.org/Need-Abortion para encontrar uno en tu área, o ayudar a pacientes en Alabama y Mississippi a través del Fondo para Acceso de Abortos en el Sur del Dr. Willie Parker, en Abortionfunds.org/Introducing-Dr-Willie-Parker-Fund-Abortion-Acces-South.

2. Apoya la Organización de Salud de Mujeres de Jackson, mejor conocida como la Casa Rosa, donde el Dr. Parker brinda abortos en Mississippi. Visita WakeupMississippi.org para saber cómo hacerlo.

3. Las protestas en contra del aborto pueden representar un obstáculo significativo para los pacientes que buscan atención de salud reproductiva, por lo que las clínicas hacen uso de escoltas de pacientes, quienes protegen a los pacientes de quienes protestan y les ayudan a entrar seguros. Contacta tu clínica de aborto local para consultar sobre oportunidades de voluntariado.

4. El aborto no es sólo una causa de las mujeres. Si eres un hombre, piensa en las maneras en que puedes apoyar los derechos reproductivos

de las mujeres, en tus propias relaciones y con la comunidad en general. Únete a Hombres por la Elección, en MenforChoice.com, para involucrarte e incidir.

5. Las mujeres pobres y de minorías étnicas tienen mayores posibilidades de necesitar atención de aborto y las que pueden tener mayor obstáculo obteniéndolo. Examina cómo tu propio privilegio puede hacer que des por sentado el cuidado reproductivo, y piensa en las maneras en que puedes apoyar los derechos reproductivos de las mujeres. ¿Estás de acuerdo con el Dr. Parker en que los "círculos de clase alta liberales" a menudo "fetichizan la maternidad y a los niños" (p.178)? ¿Cómo esta actitud contribuye al aislamiento de las mujeres pobres de color en lugares como Mississippi?

6. Hasta un tercio de las mujeres estadounidenses tendrán un aborto en el curso de sus vidas, y el estigma continúa alrededor de este procedimiento común de medicina. Si tienes un aborto, considera compartir tu experiencia con otros.

Dr. Willie Parker es especialista en abortos y defensor de los derechos reproductivos. Se graduó de Berea College en Kentucky y tiene títulos de la Facultad de Medicina de la Universidad de Iowa, la Escuela de Salud Pública de Harvard, la Universidad de Cincinnati y la Universidad de Michigan. Certificado por la junta en obstetricia y ginecología y capacitado en medicina preventiva y epidemiología a través de los Centros para el Control de Enfermedades, el Dr. Parker actualmente brinda servicios de aborto para mujeres en AL, MS, PA, GA e IL, y es ex Director Médico de Planned Parenthood Metropolitan Washington, DC.

Él es el demandante médico en la demanda federal que impide el cierre de la única clínica de aborto de Mississippi, un caso que actualmente está siendo revisado por la Corte Suprema de los EE.UU.

Es el presidente de la junta de Médicos para la Salud Reproductiva y miembro de la junta de The Religious Coalition for Reproductive Choice y URGE. Recientemente fue honrado por la Oficina de Derechos Humanos de las Naciones Unidas como uno de los doce Defensores de los Derechos Humanos de las Mujeres con motivo del 20º aniversario de la Cuarta Conferencia Mundial de las Naciones Unidas sobre la Mujer. También recibió el Premio Margaret Sanger de Planned Parenthood, el premio más importante de la organización; el premio "Campeones de elección" de NARAL, el grupo de defensa de los derechos del aborto más antiguo de los EE.UU.; el Dr. George Tiller, Premio al Proveedor de Aborto de Physicians for Reproductive Health; y el premio de Liderazgo Personal PAC, entre otros.

Impreso en Estados Unidos
Por Casasola LLC

1619 1st Street NW Apt. C
Washington DC 20001

casasolaeditores.com
info@casasolaeditores.com